高长征◎著

SHIBANYAN JULUO DE JIEDU

石板岩聚落的

解 读

中国水利水电出版社
www.waterpub.com.cn

内 容 提 要

本书从石板岩聚落所处的地理环境出发,总结出石板岩聚落民居的一般特征,重点分析其在利用自然资源、应对自然环境两方面的具体特点,在结合国内外民居理论和相关乡土建筑建造实践的基础上,最后提出石板岩聚落民居的更新思路。本书是对豫北石板岩聚落的解读,特别是针对传统聚落利用自然资源和应对环境的初步探讨,带有一定的探索性。

图书在版编目(CIP)数据

石板岩聚落的解读/高长征著. --北京:中国水利水电出版社,2015.6(2022.9重印)
ISBN 978-7-5170-3318-9

Ⅰ.①石… Ⅱ.①高… Ⅲ.①乡镇－聚落地理－研究
－安阳市 Ⅳ.①K926.15

中国版本图书馆 CIP 数据核字(2015)第 140813 号

策划编辑:杨庆川 责任编辑:陈 洁 封面设计:崔 蕾

书 名	石板岩聚落的解读
作 者	高长征 著
出版发行	中国水利水电出版社
	(北京市海淀区玉渊潭南路 1 号 D 座 100038)
	网址:www. waterpub. com. cn
	E-mail:mchannel@263. net(万水)
	sales@mwr.gov.cn
	电话:(010)68545888(营销中心)、82562819（万水)
经 售	北京科水图书销售有限公司
	电话:(010)63202643、68545874
	全国各地新华书店和相关出版物销售网点
排 版	北京厚诚则铭印刷科技有限公司
印 刷	天津光之彩印刷有限公司
规 格	170mm×240mm 16 开本 12.5 印张 162 千字
版 次	2015年9月第1版 2022年9月第2次印刷
印 数	2001-3001册
定 价	42.00 元

前　　言

　　传统聚落调查实际上就是与当地原居民的相遇相知,以及重新发现被现代化所舍弃的传统聚落空间的新价值之旅,传统聚落里的原居民生活虽然相当贫乏,但是他们却以自己的居住文化为骄傲,并且仍然保持着文化凌驾于文明之上的信念。传统聚落调查与遗迹调查的根本区别在于传统聚落在如今仍然具有生命力,姑且不论它们在时间轴上的盛与衰,至关重要的是这些传统聚落在今日仍然发挥着充当人们的生活舞台的作用。调查研究传统聚落和民居的意义在于通过"事物"可以了解人们无限的想象力。这种行为虽然对策划及设计不能立即发生作用,但它具有如同中药一样的功效,即在策划或设计的阶段中,慢慢地持续地发挥效用。

　　十年前,我有机会接触到一些散布在河南各地的传统民居,在实地走访中除了看到已知的巩义康百万庄园、焦作寨卜昌村、鹤壁竹园村等多为堡塞式乡土建筑外,同我们正关注并了解的一样,在豫北太行山一带仍现存不少乡土建筑及传统民居。不知是因为豫西窑洞和邻近地区堡塞式传统民居久负盛名的缘故,还是豫北太行山一带环境过于平凡封闭,对这一带真正的传统民居研究至今仍处在空白阶段,这引起了我极大的兴趣。于是,我选择了安阳林州市石板岩聚落民居资源相对丰富的地区,进行了一次范围较广的实地调研。此行收获颇丰,通过实际的接触,除了对当地的民居有了更直观、感性的认识之外,更对当地民居利用资源和应对环境方面有了深刻的理解。总体上石板岩聚落有如下特点:

　　1.追求"人与自然"的融合

　　人与自然的融合是我国传统的生态观念。建筑借助大自然的力量,自然通风、自然采光,形成自己的微气候环境,节能减排,对环境的影响降低到最低。

2. 形态丰富,错落有致

石板岩聚落美在群体上,坐落在山腰上的石板房层层叠叠,自由散布在太行山中,色彩斑斓的石板房大小不一,形状各异,生动有趣,建筑形态丰富多样,充分体现了自由豪放、不拘一格的风格,也展现了当地村民的审美和智慧。

3. "因地制宜",景观独特

石板岩聚落的人文景观独特,临水山地多选单向阳坡,因而石板屋顶鳞次栉比,顺坡而上,轮廓此起彼伏,依山就势,高低错落,自然生动而又富于特色,独具一格。

4. 坚持"可持续发展"原则

符合"可持续发展"的原则,民居选址多为贫瘠难耕的坡地,有利于节约可耕地,提高土地利用效率。

豫北地区石板岩聚落民居作为一种成熟和稳定的建筑形态,聚落于乡间原野,辉映于林间竹下,蓝天下红墙燕尾,显得十分轻盈灵动。它不仅经济、实用,高效利用当地自然资源;而且舒适、宜人,巧妙应对特定自然环境。为此,石板岩聚落民居在聚落选址、平面布局、空间组织、构筑方式上采取了一系列措施;在对土地资源、水资源、地域材料资源的利用上特点鲜明。本书从石板岩聚落所处的地理环境出发,总结出石板岩聚落民居的一般特征,重点分析其在利用自然资源、应对自然环境两方面的具体特点,在结合国内外民居理论和相关乡土建筑建造实践的基础上,最后提出石板岩聚落民居的更新思路。

本书是对豫北石板岩聚落的解读,特别是针对传统聚落利用自然资源和应对环境的初步探讨,带有一定的探索性。书中的观点,一方面来自作者的教学体会和建筑设计的工作实践,另一方面参阅了相关资料,许多内容有待于进一步探讨、论证,有待于多科学领域的指正和共同努力。

作　者
2015 年 4 月

目　　录

第1章 绪 论

1.1 研究背景

1.1.1 建设中原经济区

"中原"是我国政治军事、经济社会、历史地理乃至科技文化的一个非常重要的地域概念,"中原支国脉,中远系民心",中原的辉煌是国之大兴,中原的没落是国之悲哀,中原的崛起是国人更是中华儿女的期盼。2011年9月28日,国务院正式颁发《关于支持河南省加快建设中原经济区的指导意见》。2012年11月17日,《中原经济规划》获国务院国函【2012】194号正式批复。《国务院指导意见》发布以来,河南省执行中原经济区战略走了这样一条道路:不以牺牲农业和粮食、生态和环境为代价的,新型城镇化为引领,新型工业化为主导,新型农业现代化为基础的"三化"协调科学发展之路。新型城镇化在中原经济区中发挥着独特的作用,新型城镇化的中原实践在中西部地区乃至全国都有一定的示范作用。

1.1.2 建设美丽乡村

在2012年11月中国共产党的十八大报告中首次专章论述生态文明,首次提出"推进绿色发展、循环发展、低碳发展"和"建设美丽中国","美丽中国"成为出现在党代会报告中的新名词。报告中提出要树立尊重自然、顺应自然、保护自然的生态文明理念。明确提出了包括生态文明建设在内的"五位一体"的社会主义建设总布局。这一决策是深入贯彻落实科学发展观的表现,是在发展理念上的又一创新,同时也与我国实际情况相契合。尤其是十六大以来,只有抓好经济发展的同时,抓好生态文明建设,建立资源节约型、环境友好型社会,才能不断增强可持续发展能力。然而,农村地区是中国地域范围内的重要组成部分,要想实现美丽中国的美丽愿景,建设美丽乡村势在必行。

2013 年中央一号文件,明确提出要努力建设美丽乡村。党的十八大以来,习总书记就建设社会主义新农村、建设美丽乡村,提出了很多新理念、新举措,强调开展农村环境卫生综合整治为美丽乡村建设的重要工作。农村在中国大地上占据了大部分,而农村人口在中国总人口中也占到了绝大部分,因此加快美丽乡村建设的步伐,就是在推动并实现美丽乡村的奋斗目标,从而才能早日实现美丽中国的奋斗目标。

河南省财政厅美丽乡村建设试点名单公布,安阳林州市石板岩乡石板岩村、茶店镇茶店村榜上有名,成为我市首批入选的河南省美丽乡村建设试点村。据了解,为确保争取项目建设资金成功,林州市财政局在项目申报、资格审查、专家评审等过程中,派专人全程进行跟踪服务,与省厅时刻保持联系,及时查漏补缺。特别是在现场答辩环节,该市相关单位全员上阵,高度重视,密切配合。最终综合专家评审得分和现场答辩得分,林州石板岩乡石板岩村排名第 25 名,茶店镇茶店村排名第 58 名,均在试点名单121 名的前列。

1.1.3　重视资源和保护环境的社会背景

2006 年 10 月党的十六届六中全会着重提出,研究构建社会主义和谐社会问题,这是继 1994 年《中国 21 世纪议程》后,我国在促进经济、社会、资源、环境及人口,教育相互协调可持续发展方面提出的又一重大构想和宏伟目标,这为建筑学科的可持续发展研究提供了明确的导向和有力的支持。1997 年,吴良镛院士《关于建筑学未来的几点思考》指出:"可持续发展作为时代的主旋律,正在促进建筑学的重大发展。"鲍家声教授也在《可持续发展与建筑的未来》一文中提出"五个走向",即走向尊重自然的建筑;走向开放的建筑;走向集约化设计;走向跨学科的设计和走向实践。

"和谐的外延主要是指人与自然的和谐,人与人的和谐,人自身的和谐。"欲构建和谐社会,必然涉及人与自然的和谐,就必须面对我国当前城镇化建设中资源浪费严重,耕地减少过快,能源供求矛盾突出和环境污染日益加剧等现实问题。本书正是抓住构建和谐社会中人与自然和谐中的"资源"与"环境"两大关键因素,以豫北石板岩聚落民居为研究对象,结合相关理论,对当地建筑利用资源和应对环境进行初步探讨。为加快建设当地"资源节约型,环境友好型"社会服务。

1.1.4 基于聚落建筑之上的可持续发展背景

传统聚落是农业、手工业社会的产物,虽有无可奈何的成分,但却是实实在在地建立在可利用的资源,应对自然环境的基础之上的。因此,相对于现代居住建筑而言,传统聚落是应对当地自然环境、利用资源的有机产物。优秀的传统民居在适应气候、利用资源、维护生态平衡、体现可持续发展等方面均有自身的优点。但是今天对聚落建筑的借鉴不应是对其低水平的重复,而应是对其创造性的再挖掘。传统聚落的居民是在不断地发展、变化中抛弃那些不适合于地方的因素,吸取利于自己发展的先进技术,从而改变自己的生活环境。

1.1.5 基于中原地域特色的传统聚落研究背景

中原地区历史悠久,拥有数量众多的历史文化遗产,这些历史文化遗产许多分布在广阔的城市郊区与农村。古民居、古聚落、民族村和涵载丰富历史人文信息的聚落蕴含着传统文化的精髓,是这些历史文化遗产的重要组成部分,体现了丰富的中华民族传统文化。中原地区处于南北东西的过渡地带,地理位置和气候特征种类多样,代表性的主要有豫西的窑洞和地坑院,豫北的石板房,以及有很多保存完好、尺度适中的传统民居。城镇化进程越来越快,很多传统民居、传统聚落被视为贫穷落后的象征,在大规模实施城镇化建设、新型农村社区建设中被有意无意的破坏、损失,在农村面貌变新的同时也丢失了传统文化,千村一面。在新型城镇化建设进程中,如何挖掘、整理并利用这些传统历史资源,并使用到美丽乡村建设当中,体现中原地域特色,是多方学者共同关注的课题。

豫北石板岩地区民居资源丰富,尤其是石板房,留存数量多且仍能正常居住使用,然而随着一轮轮的新城建设和旧城改造,这些民居面临着重重困难。石板岩聚落民居作为我国豫北建筑中一个独特类型,主要分布在当年因修建"红旗渠"而闻名中外的河南省安阳林州市。林州市位于河南省北部的太行山东麓,地处山西、河北、河南三省交汇处,素有"鸡鸣闻三省"之称。石板岩乡地处林州市西北部,位于太行山大峡谷之中,这里的民宅建筑,就地取材、层次分明、曲径通幽,至今还保留着十分完整的石板房。豫北石板岩地区是受特定的地域自然环境、历史文化因素影响和制约下逐渐形成发展起来的一种特色聚落,对它进行调研分析,旨在充分发掘石板岩聚落特色,结合当地优美自然景观,做足旅游文章,打造特色乡镇,探索独具特色小城镇的新型城镇化之路,建设推广具有中原地域特色的新型城镇,对中原经济区建设和中部地区崛起有着积极深远的意义。

1.1.6 我国城市传统聚落保护现状及困境

中国正处在城市高速发展的时期,城市建设对中国传统聚落带来了猛烈的冲击,20 世纪 90 年代以来尤其明显,伴随着城乡房地产热潮的发展,城市中传统的"点—线—面"的保护类型已经受到破坏,旧城中许多经历了千百余年保存下来的传统民居,在城市的旧城改造活动中正在遭受破坏甚至毁灭,例如北京、西安等老城中很难找到一个完整的四合院群落,上海传统的石库门住宅也在迅速消失。一些在改革开放进程中富裕起来的地区,民居的破坏尤其告急,有的县城已经找不到一处完整的民居,城市正在被一座座千人一面的现代建筑所替代。旧的传统聚落正在成为社会经济发展中最明显的受害者。传统聚落一般居住生活的都是封建家长制的家庭,众多的人口,简单的生活,简单的设施,现在的生活方式与过去已经有了很大的不同,住房成为家庭生活的核心,日常生活所需的设备设施愈发增多,多样性的生活使得传统民居不再流行,这种变化导致许多古老的民居逐渐消失。传统民居不是人去楼空,就是成为外来人口聚居的暂居之所。只有那些被认定为文物保护单位的民居被保留了下来,成为人们竞相参观的景点。

传统聚落作为历史时期的遗留产物,组成了城市的文化遗产,丰富了城市的文化形态和文化内涵。城市民居在造型、装饰、风格上差异很大,也反映出其文化的多样性。然而目前,城市中这些拥有很大历史文化价值的传统聚落的保护却困难重重。

①在城市中,传统聚落多处在城市的旧城中,一般都属于城市的中心区,然而城市中的土地,由于其特殊的地理位置和大量的稀缺性导致其拥有较高的土地资产价值,成为各方追逐利益的目标。在高利润的驱使之下,一些房地产开发商在所谓的"旧城改造"过程中,大力建设一些体量大、密度高的建筑群,旧城区由拥挤变得更加拥挤,发展到后来,只有拆迁房屋,拓宽道路才能缓解城市的拥堵问题。这样一层层的形成恶性循环,在这种大拆大建的浪潮中,一些具有多重价值的聚落被破坏甚至拆除。

②传统聚落本身不都是具有很高的文化遗产,也并不都是文物保护单位,所以,在政府文物保护资金紧缺的情况下,传统聚落常常不受关心。而那些所谓的文物保护单位在漫长岁月的风雨侵蚀中,门窗、檩、梁等部位断裂,甚至出现墙体裂缝、倒塌。城市中的这些传统聚落不属于国家的不可移动文物范畴,资金不归国家政府负责,资金来源一般都是社会捐献,资金数量有限,再加上改造维修旧建筑本身需要的资金数目就比新建建筑要高很多,居

民对传统聚落的维修保护意识淡薄,造成了很多有价值的古老聚落因得不到维修而消失。这也是城市中传统聚落保护的困难点。

③城市经营者和管理者在追求创新、追求变化、追求高利润的时代精神的驱使下,常常倾向于追求城市的表面形象,将这些古老的传统聚落在"旧城改造"中成片的拆除或者是利用其进行商业开发。

④生活居住在传统聚落内的居民对现代的生活方式和现代的居住条件过于青睐,导致其对传统聚落本身的历史文化价值缺乏认识和保护,无形中也加快了传统聚落消失的速度。

1.2 研究对象及意义

1.2.1 关于聚落

1.聚落的概念廓清

(1)聚落的定义

"聚落"一词古代指聚落,近代泛指一切居民点。聚落,英文词源是"Settlement",《辞海》里的解释是:"聚落,人们聚居的地方。"《汉书.沟洫志》曰:"或久无害,稍筑室宅,遂成聚落。"单德启教授在《从传统民居到地区建筑》一书中指出:中国传统民居聚落中的"聚落",是小农经济体制下的基层生活单元,它包括村、寨、堡、镇等。或者说是,传统村镇是建立在传统农业社会基础上的乡土聚落。

聚落通常是指固定的居民点,只有极少数是游动性的,也是人类聚居和生活在一起的文化地理现象。聚落补单是房屋建筑的集合体,还包括与人类居住直接相关的其他生活设施和生产设施。聚落的出现源于人类生活和生产的大量聚集。各类建筑物、构筑物、道路、植被、水体等物质环境组成了聚落的环境,一般其规模越大,其物质要素越丰富。聚落作为人类各种形式的聚居地的总称,其平面形态多受到经济、社会、地理条件的制约,历史久远的聚落大多是聚集型的平面形态,开发时间较晚的聚落多是分散布局。早期的人类生活多是以进行农业生产为主,所以大多聚集地选择在地形优越、气候适宜农业生产、自然资源丰富的地区,其中聚落中民居建筑的建造多是尊重自然、顺应自然并利用自然的产物,建筑材料多是就地取材,因地制宜,建筑形式不仅具有鲜明的地方特色,还具有明显的时代特征。

"聚落"在历史上出现的很早。《史记·五帝本纪》有"一年而所居成聚,二年成邑,三年成都"。其注释中称:"聚,谓聚落也。"当时人类将聚居地分为"聚"、"邑"、"都"三个不同等级,并没有聚落这一等级,比起"聚"、"邑"、"都"这三个说法,聚落只是一种较独立的很小的社会单位。在《汉书.沟恤志》有"贾让奏:(黄河)时至而去,则填淤肥美,民耕田之,或久无害,稍筑室宅,遂成聚落"的记载。其中"聚"可以理解为聚集,"落"可以理解为定居的意思。上述这句话可以读出两点,第一是安全的生存居住地,第二是开展农业生产和生活的环境场所。挪威建筑学者诺伯格·舒尔茨的"居所观念",认为聚落就是为某一社会文化群体和成员定居的场所,定居就说明这是某一群体生存的场所,是某一群体进行社会生活的社会性空间。吴良铺先生认为:"聚落是人类各种形式的聚居地的总称。与人类活动有关的环境,村庄、城镇、城市乃至城市连绵区,都是不同层次的聚落"。传统意义上的聚落单纯的只是为了满足人类生产和生活的需求而形成的,而本文所研究的聚落,主要是指乡村的农村居民点,不仅包含着承载着人类生活的建筑物,还包括社会环境和经济环境。

传统聚落一般都是具有相同的性质,每一个聚落都拥有自己独有的风俗习惯、制度体系和伦理规范,一般的聚落社会对外都有一定的排斥性和封闭性,但是对内却有很强的群体团聚性,各成员之间紧密沟通。然而当前人口密集和生活方式的改变都无法适应传统的人居环境,聚落要发展改善已成必然,于是,适当的创新、有机的改变,建造更适应于当代社会生活的人居环境是保护传统民居聚落环境的前提。

(2)传统聚落的基本特质

传统聚落作为一种社会现象存在,和世界上的任何事物一样,其具有独特的基本特质:

①文化特质。实践表明,中国人对于环境的迫切追求往往高于技术的发展,对于建筑的象征作用也高于实际使用性。简而言之,评价一个聚落是否是好的聚落,不仅仅看它是否拥有好的物质条件和合理的功能,还要看人类的生活情感是否能在自己创造的生活环境中表现出来。聚落的文化特质在整个特质中具有十分明显的作用,例如在中国的风水观念中,地下律观念在整个文化中根深蒂固,道路的走向、水流的方向、建筑的定位都由它所决定。所以有了以下这个说法,中国人对环境的营建是以精神意识为主导,这些精神意识也是人们对理想栖息地和理想生活环境急切渴望的写照。

②构筑特质。虽然说文化特质在聚落中占有很大的作用,但是构筑活动作为聚落格局形态的重要组成部分,占有不可代替的影响力。中国社会经上下五千年的发展和积淀,建筑业成形过早,早在石器时代,中国文明就已经形成自己的文化特色。公元前 200 年,那时亚洲与西方还没有开通路线,中国的建筑体系已超前于同时期的西方国家,当时中国的文字和其他艺术形式都处于世界一流水平。有了早前的积累,在以后数个世纪的发展过程中,中国的建筑以及整个聚落构筑在不断的改良设计中更加适应中国的国情和实情,但总体风格上一直沿袭中国特色,没有较大的改观。只有涉及构筑活动的一套设计法则在这一漫长的历史发展中,得到了充分的发展和改善。构筑活动不仅是建筑和聚落的重要组成部分,同时也是建筑和聚落的文化灵魂。

(3)传统聚落与聚落

在许多文献资料中,"传统聚落"和"聚落"的概念指代不是很清晰,互相代用。狭义上,聚落最初指代的是农村居民点,包括聚落和院落,但是有别于都邑,后来一些农村居民点发展成为城镇。

不管对"聚落"如何界定,两者均是以聚落社会和空间环境作为重点。"传统聚落"可以是人类聚集而居的地方,而聚落仅仅是传统聚落的其中一个形式。我国的农村常常划分为"乡或镇、行政村、自然村"三个等级,其中行政村是最低级的单位,性质上就等同于人民公社时期的生产大队,村委会则是地处行政村内部的某一个自然村内,乡或镇政府位于管辖范围内的某一个行政村,最终也是位于某一个自然村。我国 56 个民族中汉族人口居多,汉族居住的自然村多称为村庄,少数民族居住的自然村多称为村寨,这些村庄都可称之为聚落。

可见,传统聚落首先是经历了较长时间的积淀,逐渐形成的古老性、独特性和浓郁地方特色的集镇或聚落,古镇、古城和古聚落作为传统聚落其中的一种形式,要比传统聚落的规模小。所以在这里有必要说明一下,本书中的传统聚落指代的是建村时间久远,有很长的历史沿革,一多半的人口都是从事农业生产。

2. 传统聚落的地理分布、特点与分类

(1)传统聚落分布范围和分布规律

我国的传统聚落数量较大,且分布范围广,截止到现在,对于传统聚落的数量统计还没有一个比较准确的数字。根据中国古聚落保护与发展委员会的调查统计,在我国大约有 100 个保存较好的古聚落,分布地区主要集中在皖南、晋中、湘南、闽南等地区,其中皖南地区、楠溪江地区和江西部分地区分布的最多。皖南地区的徽派建筑最为出名,该地区经济发达,以徽商闻名遐迩,保留下来的传统聚落数量最多。

我国地域辽阔,传统聚落的分布较广,整体上呈现出南方多、北方少;山地多、平原少;贫困落后地区多、经济发达地区少的特点。我国的学者将传统聚落的分布特点归纳为:历史上经济发达、交通便利,近代以来交通闭塞的山地地区;名臣、富商后裔聚居之地;少数名族聚居地区;自然资源丰富、地势险要的地区。

(2)传统聚落的特点

传统聚落作为历史时期遗存下来的宝贵的历史遗产的鲜活

案例,整体来看具有以下几个特点:

①历史沿革久远。传统聚落的形成时间往往都比较长,少则上百年,多则上千年。其中大部分的村落都是家庭式聚居而形成一个对内自由、对外封闭的组团单元,一般情况下整个村庄的住户都是一个姓氏。在这种家庭式聚居方式中,宗族文化占据重要地位,有记载家族成员的族谱,有家族长辈创业的传说,有流传已久的族规家法,丰富了历史信息。

②聚落与自然和谐相处。聚落是人类早期的一种聚居空间,一方面受到家族聚居的宗法观念的影响,另一方面受到"天人合一"思想观念的影响,在聚落的具体选址上,往往讲求风水关系。在大的布局上追求"择吉而居",在建筑选址上大部分都是以"天人合一"作为大的核心思路,靠山面水,自然资源丰富,以便于进行农业生产,生存和繁衍。在聚落的整体形态上,街巷井然有序,水系贯穿其中,功能布局上以祠堂等礼制建筑为中心,其他建筑有秩序的围绕其布置。整个聚落的规划、选址、布局都是在不破坏自然的基础上,遵循自然、利用自然,表现出很好的环境保护意识,营造出人与自然有机融合的环境氛围。

③强烈的地缘和血缘特点。传统聚落内部以简单传统的农业生产自给自足,不受外界干扰独立生活,世世代代聚居于此。这样的生活生产方式导致聚落内部主要形成了两种群体关系,一种是以血缘和婚姻相联系的群体关系,另一种是长期生活在一起的左邻右舍互帮互助形成的地缘群体。这样的两重社会群体关系使得居住于此的人的活动受到地域范围的限制,人口流动性很少,活动圈子小。聚落的这些特点,一方面在于农民深受传统封建的文化的影响,对于外界的文化接触较少,但在另一方面,无形中也帮助传统聚落保持其内部文化的原真性和传统性。

④物质形态原型保持较好。传统聚落在长期的发展过程中并不是一成不变的,自然地理条件、经济条件、社会政治等都是其影响因素,尤其是经济条件和政治状况,不同历史阶段的政治经济条件对环境的影响是不同的。在经济较为发达的时期,文化氛

围和物质结构都会有好的反映。不仅保留有较多典型的文物古迹，而且聚落的整体布局较为完整，例如徽州"富而张儒，仕而护贾"的说法，保存有成片的文物古迹，民居、祠堂、书院等古建筑精美绝伦，具有典型的徽州色彩。当下经济的发展、文化的交融、技术的革新或多或少的影响到了一些古村镇的繁荣，但是一些偏远地区、地理位置较为封闭的地区，缺乏外界与之的交流，甚少的受到城市那样的冲击力，在社会发展和自然衰落中仍然保留着原有的物质形态。

⑤反映了生活的真实性。传统聚落与一般文物遗产之间最大的区别在于，它是一个生活场所。既然是生活场所就承载着居民一定的真实的生活内容，包括生活方式、宗教信仰、风土人情等非物质要素，见证了历史发展中的历史文化的积淀，包括文字、语言、行为传统等。在一些地方又具有民族特色，正所谓民族的就是世界的，是值得我们珍视的财富。

(3)传统聚落的分类

我国传统聚落分布范围较广，它们之间既有共性又有个性，我国的传统聚落根据不同的标准可以分为以下几个类型：

①按照民居类型分类。民居作为传统聚落的基本组成单位，根据民居的类型可以将传统聚落分为庭院式、单幢式、集聚式等类型。

②按照文化背景和历史区域分类。不同的文化背景和历史区域孕育出不同的传统聚落，大体上可以划分成以下8类：富贵的山西大院建筑群、大气的徽派古聚落、灵巧的江南古聚落、个性的岭南古聚落、朴实的西北古聚落、另类的西南古聚落、清秀的湘黔古聚落、浪漫的少数民族古聚落。

1.2.2　研究目的和意义

1. 目的

石板岩地区人民经过多年的经验积累，基于当地特定的地理资源及气候条件，建造了适应当地自然环境因素（阳光、风、水、土)的民居建筑。尤其是在利用自然资源、应对自然环境上效果明显,这正是我们希望并需要了解的。另外,现代人已从资源枯竭、环境污染等一系列的问题中认识到大自然是一个包含人类社会在内的有机整体,必须与之和谐共生,只有节约资源,应对环境的态度才是可取的。本书的研究对象虽然局限于豫北石板岩聚落,然而窥斑见豹,传统聚落合理利用当地自然资源,主动应对自然环境的理念和手法,在提倡可持续发展、建设社会主义和谐社会的今天值得我们深入研究下去。因此,对豫北石板岩聚落民居的研究,目的是希望通过石板岩这样一个典型聚落作为研究载体,通过归纳分析,总结出当地民居利用资源,应对环境的方法原则,并结合国内外民居生态适应性的先进理论与实践,以此为基础进而提出石板岩地区更新开发思路,从而实现该传统聚落民居建筑的可持续发展。

2.意义

(1)理论意义

我国是拥有着 56 个民族共存和上下 5 000 年历史文明的古老国度,传统民居在漫长的历史长河中沉淀着 56 个民族人民的智慧和汗水,孕育出源远流长、厚重多彩的中国传统文化。不同地域和民族的聚落建筑呈现出不同的地方特色,其多样性的建筑设计手法对现代建筑创作提供了参考和借鉴的价值。我国对传统聚落的研究工作开展已久,也取得了丰硕的成果,尤其是在传统聚落的社会背景、文化内涵、宗教信仰等方面。但是也有一些研究者对待传统聚落的态度不深入、研究不彻底,特别是在一些新型民族乡土建筑的建筑设计上,尽管形式上是借鉴了传统民居的外表,但是却忽视了传统民居的精神内在。事实上,传统民居在发展的过程中并没有刻意的去追求形式上的出众,而是自然环境与生活方式互相选择的产物。伴随着时代的进步,传统聚落也在发生着改变,其中什么地方需要革新,什么地方需要摒弃,什么地方需要与现代技术相结合,使之适应于现代生活方式的需求,这些都是我们需要研究的内容。

　　传统聚落是传递乡土文化物质层面的载体,也是某一历史阶段的社会关系、经济发展、文化内涵三个层面相互交织的综合体,具有很多的审美、认知、使用价值。研究传统聚落就是要弄清楚聚落的形成、发展到衰退的原因。如何研究透彻这些呢? 物质层面可以作为突破口;传统聚落是构成乡村社会的基本单元,作为早期农民开展农业生产、商人进行买卖、知识分子学习的生活环境和生存家园,基本上承载了乡土文化和乡土社会的所有内容。乡土文化在中国传统文化中占到了半边天,离开了乡土文化,中国传统文化是不完整的,离开了乡土建筑,中国的建筑史也是不完整的。

　　在我国古代,与自然的相处之道讲求"师法自然","师法自然"最明显的就是聚落的布局整体上遵守大自然的规律,充分利用自然条件,在聚落中保存有较多自然中较为原始的痕迹。整体上,传统聚落与外界基本上处于半隔绝状态,很少接触外界,也很少与外界交流。长此以往下去,外界对其的干扰和影响也是少之又少的,比如在传统聚落中,大量保留着古老的建筑形态。对传统聚落进行研究,可以挖掘到传统聚落很深层次的价值、探讨聚落内景观环境对生态的改善作用。传统聚落一方面具有师法自然的朴素外观,另一方面又突显和反映着居民的生活,因此,在对传统聚落的研究基础之上,根据具体的功能、景观和实际经济条件,因地制宜的设计景观环境,将有助于推动现代景观设计和村镇设计。

　　(2)现实意义

　　中国是一个古老的国度,历史源远流长;地域辽阔,南北横跨几个气候带;古时候的中国经济落后,以农建国,农业大国,孕育出灿烂丰富的农耕文化。历史的进程中,传统聚落见证了大多数中国人的生活状态,孕育出丰富厚重的乡土文明,在景观、艺术、科学、建筑、美学等各个领域都具有很高的价值。在我国,传统聚落应该是最为大众、最普遍的文化形式,也应该是中华文明的重要组成部分,也应该在中华本土文化体系中博有一席之地,然而,后人对传统的乡土文明注入的关注度太少了,研究也不是很多,传统聚落所承载的内在精神文化还远远不为众人所了解。

自然界自身的破坏，社会经济的落后，先进文化的侵袭，保护措施不当造成的毁坏等等这些都是传统聚落在当下面临着的难题。我们研究传统聚落的目的，就是为了让传统聚落在经济社会快速发展的当下，能够获得及时的保护和修缮，在保存其完整外观的同时，也不失去传统的文化价值，保护好文化的多样性，也要创新出新的传统民居，为民居在现代的发展寻找出新出路，提高聚落居民的生活质量。尽管已经有越来越多的人开始关注传统聚落这个问题，但是这只是一个好的开端，这方面的研究工作还有待深入。

早在1992年的时候，钱学森教授在中国城市建设方面提出了建设山水城市的构想，他把中国未来的城市描绘为"有山有水、依山伴水、显山露水；要让城市有足够的绿地、足够的水体、足够的自然痕迹；要让城市富有良好的自然环境、生活环境、宜居环境。""山水城市"这一构想并不是凭空想象，它的提出是根据中国独有的山水文化，而山水文化的孕育又离不开传统聚落的居住文化和内涵。传统聚落特有的山水环境和意境正是现代人所追求的栖息场所，是现代人青睐的艺术化的人居空间。山水城市的思想正是现代人对于古聚落情节的怀念和向往，是对人与自然和谐相处的居住环境的期望。

当前的经济发展正在不断地向前发展，传统聚落的建设和发展已成为社会问题和难题，在此情况之下，从事传统民居研究的学者的研究重点也是应该如何保持和传承传统聚落的原真性，并让传统聚落更新为适应现代生活方式。传统聚落的原真性主要体现在传统聚落的空间结构和总体形态上，因此在满足居民现代生活方式的前提下，对传统聚落空间结构、形态进行深入的研究，可以有效的保持和发扬传统聚落的原有特色，无疑具有现实的意义。

1.2.3 对象范围

　　本书中研究对象是河南北部太行山区一带在传统经济文化背景下建造的民居和聚落。多集中在安阳林州市石板岩乡,主要包括高家台、益伏口、龙床口、西乡坪等聚落(图1-1),原因是这一区域仍大量而完好地保存了当地普通百姓世代居住的老宅子,具有一定的典型性和代表性。为了研究方便,将之统称为石板岩聚落民居。

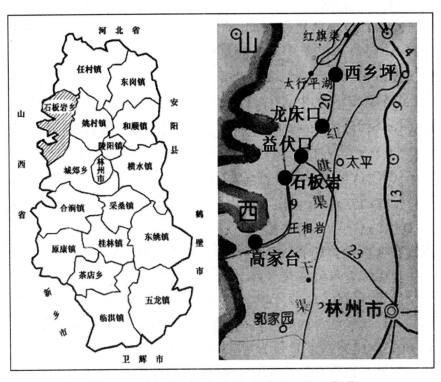

图1-1　斜线表示研究范围,实点表示调研聚落

图片来源:根据资料,作者自绘

　　在豫北石板岩聚落民居若干特性中,本书从设计的角度出发,重点关注当地民居利用自然资源和应对自然环境这一方面。研究的侧重点在于石板岩聚落民居中利用资源和应对环境而采取的措施,当然也不可完全忽略作为基础的当地人文、经济背景,以及同时要满足的文化、精神、心理等方面的需求。

1.3 研究状态和概念界定

1.3.1 国内外研究状态

1.国内研究现状及存在问题

(1)研究现状

中国传统聚落的研究工作早在 20 世纪 40 年代就已经开始进行,访问调查和实地测绘成为了这一时期研究的中心,研究学者主要以建筑史学家刘敦桢教授、刘致平教授等老一辈建筑学者为主,研究成果有《中国住宅概说》、《中国建筑类型及结构》等,为后来的研究奠定了基础。20 世纪 80 年代,《浙江民居》的出版,在理论和方法上都推动了地方民居的研究。紧接着《云南民居》的出版,将民居的研究提升到文化的高度。1991 年,陆元鼎先生主编的《中国民居学术会议论文集》一书中首次提出了"民居与文化"这一主题,将民居从传统意义上过渡到现代与未来的发展观上,为我国民居研究的内容提指引了新的方向。

对于中国传统聚落的研究除了以上所介绍的具有代表性的著作外,中国建筑学会举办的乡土建筑学术报告会,中日乡土建筑学术交流会,中国传统建筑园林研究会和中国民居研究会等专题研究、交流活动开展得也极为频繁,取得了明显的成效。民居研究的范围包括介绍民居的类型、民居的技术、民居与环境、历史与文化、保护与利用、民居的借鉴与创新以及民居与现代村镇建设、民居与当代建筑创作、民居与现代建筑文化建构和古聚落保护改造规划等方面的内容。

总体来说,我国对于聚落的研究主要围绕着建筑、历史文化及现代人类聚居环境等展开,简单的回顾一下:

20 世纪 30 年代,梁思成先生为先导,创办了中国营造学社,主要是对重大的古代建筑进行研究,对传统民居和一般的民间建筑的研究微乎其微。

20 世纪 50 年代,在建筑史学家刘敦桢教授主持下,创办了"中国建筑研究室",并于 1957 年出版发表《中国住宅概说》一书,这是我国第一本系统地论述传统民居的著作,引发了我国传统民居研究的热潮。

20 世纪 70 年代后期,我国逐步恢复了对传统民居的研究,研究开展得很广泛,效果也是很显著,1994 年《中国传统民居建筑》一书出版,这一时期的研究可以归纳为以下特点:①研究范围由原来的少数几个地区扩展到全国大多数地区,由汉族发展到少数民族甚至边远地区;②增加了对传统民居建筑的研究,开始关注建筑的抗震、防潮、通风、采光等问题;③研究队伍不断扩大,80 年代初,成立了以任震英大师为首的"窑洞和生土建筑研究组",1986 年成立"大地乡村建筑发展基金会",1988 年,陆元鼎教授组织成立了"中国民居建筑研究会","村镇建设学术委员会",很多高校如清华大学、天津大学等成立乡土建筑、生土建筑等研究小组,其中也不乏个人爱好者,纷纷加入到对乡土建筑的研究里来;④从纸上谈兵发展到结合实际保护,"窑洞和生土建筑研究组",在兰州白塔山边建起成片窑洞住宅和旅游旅馆试点;吴良镛教授在北京改造设计的菊儿胡同(图 1-2)等。尽管这些研究还处于初步探索阶段,但是在传统民居的保护、改造、创新与发展的实践上做出了很大的努力。

20 世纪 80 年代以后,对于民居单体的研究逐渐转向聚落环境、造型手法等方面,在研究思想上也开始运用符号学、系统论等观念。东南大学出版的《徽州古建筑丛书》系列,综合了建筑学、城市规划学、社会学等相关学科内容,对传统聚落进行全方位的实地测绘与研究。特别值得一提的是计算机分析手段的介入:例如将总图扫描并矢量化之后,锁定聚落框架,进行从建筑群——建筑单体——内部空间的系统层次分析,运用电脑建模将原形简化、整体化等,这些都更利于抽象化的理论分析。改革开放以来,封闭的地域文化受到了现代文明的猛烈冲击。当前经济的快速发展和生产方式的变革都在迫使我们拆旧建新。正如清华大学单德敞先生所说:"及时、逐步、完善地对中国传统民居聚落进行改造,是中国建筑师神圣的历史使命,也是人与居住环境学术领域中最艰难复杂也最有意义的课题之一"。同时陈志华先生指出"有不少乡土建筑经过改善是可以在现代生活水平上继续使用的,并不需要花很多的钱去造新的。有些村庄新建的房子,反而破坏了环境,浪费了资源。"

图 1-2　北京菊儿胡同

图片来源:http://lishi.xooob.com/lszl/20097/383479.htm

20世纪90年代以后,聚落的研究观点已经由单纯建筑学发展到建筑学与其他学科相结合的观点。这些研究除了涉及建筑学学科之外,还涉及众多人文社科领域。对传统建筑的研究根据研究思路的不同可划分为两种类型:①从文化角度出发,分析聚落的形态和形成机制,侧重于聚落的社会文化意义;②从社会学的角度出发,深入分析民居的空间形态和结构,重点探讨宗法观念、宗族制度与聚落和聚落空间组织之间的关联性及其社会意义。

最初对于传统聚落的研究基本上还停留在单体建筑上,未深入到传统乡村聚落,其研究的主要内容是对单体建筑的形态机制和创新设计方法,忽略了建筑与其周围聚落密切相关的环境。随着人与自然、建筑与自然之间的矛盾日益加剧,人们开始反思自己的行为活动,开始审视建筑环境,开始关注建筑与环境之间的关系,逐渐推动了古聚落研究的进程。20 世纪 80 年代初,单德启教授发表了《村溪·天井·马头墙——徽州民居笔记》一文,分析了皖南地区的西递、宏村、屏山等聚落,得出这些聚落的共同特征"顺应自然,利用自然、装点自然"。1987 年,在曼谷举办的"海峡两岸建筑师学术交流会"上,聂兰生教授发表了《乡土建筑文化延续与再生》的重要发言,呼吁建筑师应该认真对待乡土建筑文化、从中汲取营养价值,创新建筑形式,使得建筑文化得以延续和再生。1988 年,在"中国民居学术会议"上,魏挹澧教授发表了《风土建筑与环境》的文章,文中将湘西的建筑文化从城镇到民居、祠堂庙宇、书院等建筑做了系统介绍,并指出风土建筑是中国建筑的第三体系。1991 年,在读书杂志上陈志华教授发表了《请读乡土建筑这一本书》一文,论述了研究乡土建筑和乡土文化的重要性。1993 年出版的《楠溪江中游乡土建筑》一书,是由陈志华与清华大学的多位同事一块编著,是他们长期以来投身于乡土建筑研究的成果,也是我国第一部研究乡土建筑的著作。1994 年 6 月,彭一刚教授出版了《传统村镇聚落景观分析》一书,该书在介绍传统乡土建筑的基础上,引入传统村镇作为研究主题。1995 年在香港召开的"中国建筑史国际会议"上,朱光亚教授和陈薇交流了《一个古老聚落的保护与发展研究》的文章,文中以一个具体案例作为研究的出发点,探讨了古聚落保护与发展的模式与途径。1997 年刘沛林副教授出版了《古聚落和谐的人聚空间》一书,书中总结了古聚落的分类和特征,首次把对古聚落的保护与整体环境的保护相等同,提出建立"中国历史文化名村"保护制度的构想。2000 年业祖润教授出版的《北京古山村——川底下》一书,详细介绍了川底下古山村,并为山村的保护做出了规划。

综上所述,我国对于古聚落的研究,已经引起来众多学者的关注,但是基础资料的整理、收集和分析工作还处在小范围阶段,另外在古聚落的保护研究与聚落环境的保护研究上仍是比较薄弱,尤其是缺乏理论性的研究。近年来,很多拥有传统聚落的城镇在还没有深入研究聚落的景观资源，或者是开展专项研究，就开始利用聚落原始的景观资源发展旅游，这无疑是在破坏。

（2）问题所在

从上述研究成果中可以明显的看出，我国对传统聚落的研究上，研究对象比起为数众多的乡村来说，显得较为小众，一般都是以一些典型聚落为研究试点。研究范围不具有普遍性。研究方法侧重于现象的描述和对历史的收集整理，忽略了基础理论的研究。整体上缺乏对古聚落保护的研究，尽管越来越多的学者开始意识到聚落保护的重要性，但是还是局限在对于单体建筑的保护上，忽视了对建筑环境的保护，忽视了聚落文化的保护，忽视了聚落整体性存在的事实。采取的保护方法没有考虑到聚落动态生长的特性，过于强调静态的保护。在整个保护与开发的过程中，伴随着许多不正确的决策，结果也往往是事半功倍、事与愿违了，更有甚者导致聚落文化的消亡。

另外，我国在大学的教育体制上，没有专设历史保护专业，所以该专业就一直游走在建筑学和城市规划学之间，不仅容易造成保护工作的不全面，也会使得历史保护的工作在建筑部门和城市规划部门两者之间相互推责。在法制建设和机构配置上也存在大量的不完善。然而随着西方景观生态设计思想的引入，景观设计在国内的影响力日益扩大，国内很多大学都逐渐的成立了专门的景观研究机构、开设了景观设计专业、组建研究梯队。

2.国外研究现状

在国外，许多工业发达的国家，在传统聚落的保护与建设领域却处于领先地位，其中德国、美国、荷兰以及日本在此领域都具有相当成熟和成功的经验。国外对于传统聚落的关注可以追溯到 20 世纪 50 年代，起因是由于城市发展的越来越国际化，但是却缺失了对于人性的思考和关注。"建筑还是革命"作为柯布西耶的名言，旨在说明建筑应该从历史中走出来，打破传统的准则，追求自由简洁的特征。然而城市在越来越快的发展，城市中的建筑都开始追求国际风格，但是却表现的过于理性，千城一面、千屋一面的现象越来越普遍,这样的建筑越来越遭到人们的鄙视和冷落。人们开始停下来反思,许多学者开始将目光投向传统的和地方的特色建筑文化。他们开始站起来反对理性主义和功能主义,强调建筑应该表达出人们的情感,体现出历史的文化印记。

(1)关注地缘特殊性的倾向

1954 年,英国曼彻斯特大学专门组建"乡土建筑研究小组"(Architecture Group),旨在走访英、美两国的乡土建筑;1979 年,麻省理工学院和哈佛大学共同设立可卡汗"伊"(The Age Kham Program for Islamic Architecture),其中探讨伊斯兰文化地区的民间居住建筑传统以及在当今环境设计中的可能性便是该课题研究的主要内容之一。1987 年美国民居研究专家堡尔.奥立弗出版了《栖息之所——世界各地的民居》(Dwellings——the House Across the world)一书,书中指出民居作为理想的栖息之地,是由聚落文化、周围环境以及人类生活的融合。同时又反映出人类的情感和观念。当然还有很多学者也都加入了研究乡土建筑的行列,也都对乡土建筑进行了基础性的研究,他们认为环境与文化是聚落景观研究的重点。

(2)住居学研究

住居学是一门研究居住行为、生活方式及其相关方面的学问,它是站在居住者的角度和立场来研究建筑。住居学专家平井圣研究住居学是以家庭为出发点,逐级调查研究家庭生活与住居之间的关系,个体行为与住居之间的关系。住居学研究的这些关系涉及人类生活的各个层面,认为是生活文化造就了住居。还有一些学者将世界居住地划分为干燥地、寒冷地和温润地,他们认为不同的建筑形式和居住方式是由不同的自然环境和社会环境所决定的。例如,在欧洲广为流传的石砌式建造方式是由长期进行畜牧业生产形成的"牧草文化"所决定的,在日本较为普遍的木构架建筑体系是由长期进行农耕活动形成的"杂草文化"所决定的。这些研究都是从人类最基本的居住生活方式出发,论证了生活方式决定了居住形态的说法,验证了住居人性化的观点。

（3）建筑美学以及艺术观

建筑美学一级艺术观一直是建筑界、哲学界和美学界共同关注的主题。在古罗马时期的《建筑十书》一书中，"美观"作为建筑的四大准则之一。文艺复兴时期体系化的美学理论认为建筑美学就是艺术的建筑，这一观点影响了西方数世纪的建筑型制。20世纪50年代末拉斯穆生所著的《体验建筑》一书，用自己的切身体会和所感所知去探寻建筑的美，去关注建筑造型里面的每一个细节，诸如色彩、光线、材料、质感质地等。建筑的形式美包括许多层面，强调功能的建筑师认为"形随机能"，强调文脉的建筑师认为"形随文化"；有的建筑成为时空的艺术，有的建筑可以与音乐和语言相类同；而最终，建筑就是建筑，建筑以它内部的特质和外部的美观，表达出一定的情感和韵味。

总的来说，国内早期主要从建筑形式、文化等方面关注乡土建筑，关于环境的研究也主要集中在建筑风水方面。随着环境生态问题在全球范围内的热议，国内也开始逐渐关注乡土建筑在利用资源、应对环境、维持生态平衡和促进可持续发展方面的成就，这同时也是本书的出发点。

1.3.2 相关概念

近年来人们对环境生态的可持续发展观念的关注度持续升高，人们对资源和环境的理解也开始有了新的见解。资源一词在《辞海》中被定义为"资财的来源，一般指天然的财源"，资源作为人类赖以生存和发展的基础，可分为自然资源和人文资源两大类。其中资金、技术、知识、劳动力、历史文化等属于人文资源的范畴。联合国环境规划署将自然资源的定义为：在一定时间条件下，能够产生经济价值以提高人类当前和未来福利的自然环境因素的总称，如土地资源、水资源、生物资源、气候资源、矿产资源等。本书中的自然资源即沿用联合国环境规划署对自然资源的定义。

自然环境是指由植被、山脉、河流以及气候组成的不考虑人类存在和人类干扰的整个系统环境。人工建成环境包括建筑物、水与排水系统、交通系统等等,一旦建筑建成,建筑物本身作为任工建构的环境成为了建筑环境的一部分,并与周围的自然环境发生着关系并互相影响。

乡土建筑:广义上是指乡村环境中的任何建筑,比民居指代的范围广。

民居:民居作为乡土建筑的主要构成元素,是传统聚落中的实体,这种实体不仅仅是指人类居住的住宅,包括住宅周边的道路、水域、植被、祠堂、牌坊等等都属于民居的研究范围。

聚落:"聚落"一词,中国起源甚早。《史记五帝本纪》"一年而所居而成聚,二年成邑,三年成都。"其注释中称:"聚,谓聚落也。"《汉书沟志》:"或久无害,稍筑室宅,遂成聚落。"可以看出,以上两种聚落实际上指有别于都邑的乡村聚居点。在早期的文化人类学中把这种由一定人口团体构成的相对的、没有文字书写历史的前工业化地域称为聚落。

在本文中出现的"民居"和"乡土建筑"及"传统聚落"指代的内容大致相同,为了强调建筑与环境之间密不可分的关系,多采用"民居"的说法。

1.4 研究程序及体系框架

1.4.1 研究程序

1. 实地调查

针对豫北石板岩乡镇一带进行调查研究,采用实地调查、收集资料、现场访谈等形式。全方位了解石板岩聚落民居布局形态,特征风格以及与新民居共存之现状。

2. 整理归纳

对于实地调研所得到的各种资料进行整理、总结,特别对于感兴趣的石板岩聚落民居利用资源和应对环境方面进一步的梳理、分析、归纳。

3. 文献研究

根据实地调研和整理归纳得出的研究方向,进一步查找收集相关资料数据,理论文献等;通过对相关知识的学习和了解,又对原有认识及结论有所促进和充实。

4. 总结报告

综合、融汇上面三个步骤之所得,并引入建筑环境学的一些理论,完善和引入对豫北石板岩聚落民居在利用自然资源和应对自然环境等方面的措施研究,见诸于文字,并形成本书。

1.4.2 研究方法

1. 田野调查法

田野调查法是获得第一手资料最基本的方式,被称为人类学者的"成人礼",现在已经成为很多学科研究使用的基本方法。主要利用暑假深入林州各地,尤其是石板岩地区,对石板岩聚落内部与外部空间环境,聚落类型及选址、聚落空间形态、街巷空间、民居建筑、建筑结构、构造与装饰艺术进行详尽的实地考察,拍摄照片、收集历史资料、测绘、绘制图纸、采访当地居民,并在当地生活居住一段时间,以了解和体验当地的生活状态。

2. 实例分析研究法

实例分析研究法是根据研究内容和研究方向对所研究内容进行分类,并选取实际案例进行分析的方法。这种研究方法具有较高的直观性,通过实地调查走访获得大量的资料和实测数据,在此基础上做详细的分析,也就是在田野调查法的前提下,根据拍摄的照片、记录的方字及绘制的图纸,得出石板岩聚落与建筑的特点。首先,对石板岩地区的历史沿革、社会组织结构等基础资料及测绘所得的图纸进行主观判断,进而根据客观的记录和叙事,最后分析这些基础资料与聚落形成之间的联系。

3.多学科研究方法

多学科研究方法又称"交叉研究法",是运用很多相关学科的理论方法,借鉴相关学科的研究成果所进行的综合研究的方法。如今,随着越来越多的学者对民居研究工作的深入,他们逐渐意识到单单从建筑本体上去研究民居的局限性,民居是一个很多因素相互融合的复杂系统,引入其他学科介入到建筑研究中来已经成为学者们的共识。聚落与民居建筑的形成并不是一蹴而就的,是很长时间很多元素共同作用的产物,受到不同自然环境和地理条件的影响,呈现出不同的建筑形式和聚落形态。因此,通过多学科的研究可揭示出石板岩聚落与建筑的不同影响因素,从而更加深入而详细地了解石板岩聚落的空间形态、结构与建筑特征。

1.5　本章小结

对于石板岩聚落来说,因地制宜选取地方材料是极其重要的原则。利用地方材料通常不仅具有很好的经济效益,而且是建筑地域文化特征的重要物质载体。石板岩聚落拥有较长历史和悠久文化,当地人依靠自己的勤劳和智慧挖掘了当地的宝贵资源,并且采用天然材料来建造家园,与当地环境融为一体。结合我国的具体国情,当前迫切需要一些经济、实用、可行、本土的保护与更新利用措施,尤其是一些极具地域特色的聚落民居建筑的保护与研究,石板岩乡的石板岩聚落即属于此类。

第2章　豫北石板岩聚落民居概述

　　石板岩聚落民居作为我国豫北建筑中一个独特类型,主要分布在当年因修建"红旗渠"而闻名中外的河南省林州市。林州市位于河南省北部的太行山东麓,地处山西、河北、河南三省交汇处,素有"鸡鸣闻三省"之称。石板岩乡地处林州市西北部,位于太行山大峡谷之中,这里的民宅建筑,就地取材、层次分明、曲径通幽,至今还保留着十分完整的石板房。

　　各历史时期民居建筑的差异总在人类对自然环境和人文环境的不断取舍中转换,依据当时状况,或更贴近自然,或被社会文化环境所左右。这种取舍表现在民居建筑中,即每个空间都被赋予了相应的功能或文化意义,各空间在表达居住组织结构的同时也传达出住居功能、社会和文化属性的含义。民居建筑就这样使人、风土、风俗、文化联系在一起,换句话说,就是人通过居住空间完成对自然环境的理解、对人文环境的尊重与传承。豫北石板岩聚落民居也是受特定的地域自然环境、历史文化因素影响和制约下逐渐形成发展起来的一种聚落。

2.1　石板岩聚落民居形成、发展的环境

2.1.1　自然环境

1.地理位置

　　石板岩乡地处林州市西北部,东与姚村镇相依,南与城郊乡为邻,西与山西省平顺县接壤,北与任村镇相连。全乡南北长约

30 公里,东西宽约 4.5 公里,总面积约 114 平方公里,共有 17 个行政村,326 个自然村,总人口 9 040 人,总户数 3 000 余户。距林州市区 40 公里,境内有水泥公路直达各行政村。相对于豫东平原单调的地貌,由于位于太行山大峡谷内,这里群山拱翠,流泉碧潭,是"北雄风光"的典型代表。(如图 2-1)

图 2-1　石板岩高家台村自然环境

图片来源:高家台村民,杨增福提供

2. 气候特点

石板岩乡地处暖温半湿润大陆性季风气候区,光照充足,四季分明。春节多风少雨,夏季炎热,降水集中;秋冬季既干又冷。年平均气温 13℃,年平均降雨量为 670 毫米,年日照时间为 2 251.6 小时,历年最热月(7 月)平均温度 25.8℃,历年最冷月(1 月)平均温度－2.5℃。全年主导风向及频率:南风 6.6%,东风 6.4%,静风 40.8%,无霜期 180 天左右。四季分明,温差较大是其主要气候特征。

3.资源状况

这里资源丰饶,大理石、花岗岩遍布林虑山脉,其中花岗岩分红、黑、花三个系列 10 多个品种,储量约 6 亿立方米。已探明的矿藏资源有铁、钴、镁、铅、铌、钽、石灰岩、白云岩、花岗岩、大理岩、板石、硅石、铸石、方解石、冰洲石、硅灰石、水晶、钾长石、磷、含钾岩石、煤、耐火粘土、建筑石料、砖瓦粘土、河沙、麦饭石等 32 种。当地盛产小麦、玉米、谷子、红薯、水稻、大豆、花生、棉花、油菜等。主要土特产品有柿子、核桃、山楂、板栗、花椒、苹果等(如图 2-2)。在林虑山主峰四方脑北部山谷中,有药用植物 92 种,素有"太行天然药物园"之称。全乡植被覆盖率为 90%,森林覆盖率为 80%,其中原始植被约占 60%,退耕还林、人工造林约占 30%,森林茂密,自然生态植被良好。

图 2-2　石板岩常见自然作物

图片来源:作者自拍摄

2.1.2　石板岩聚落的历史人文环境

1.经济发展及历史地位

(1)经济发展情况

石板岩全乡现在有王相岩、桃花谷、仙台山、太行平湖、冰冰被、猪叫石、滑翔基地、仙峡谷等大小景区 8 家。云海度假村、大峡谷宾馆等宾馆饭店、农家小院约 113 家,可容纳约 2 268 人次。写生基地约 37 家,可容纳约 5 560 人次。客车、出租车等大中小车辆 50 多辆。批发零售、个体工商户 237 户,从业人员 958 人。银行和保险业各一家。邮电通讯业各一家。农业等综合技术服务业 2 家。大约早在十年前,全乡旅游景区共接待游客 90 万人次,门票收入 800 万元,第三产业增加值达到 3 641 万元,较去年增长 15%,并"五一"黄金周期间,各宾馆、"农家乐"都出现了客房爆满的现象,就地理位置较偏的马安垴村几家民俗旅游接待户也不例外,如今,带有农郁乡村气息的山乡农家、农家乐、纪念品超市等遍布全乡,既为前来旅游观光的游客提供了方便,又搞好了农村经济。在旅游业的带动下,全乡第三产业初具规模,大大提高了农民的生产生活水平。但是,银行、保险、邮电、通讯、农业等综合技术服务业发展较慢。目前,石板岩乡没有第二产业。

(2)第三产业发展在新农村发展中的地位

发展农村第三产业,可以进一步促进农业发展,优化农村产业结构,实现"生产发展"的要求。"生产发展"就是要以科学发展观统揽"三农",保证城乡经济社会协调发展,为农民增收、农业发展和农村繁荣打下坚实的产业基础。而农村第三产业,则为农村经济的发展提供了空间,拉长了产业链。一是可以通过发达的流通服务业,促进农村生产、交换、分配的良性循环,改变目前许多农村流通不畅,农产品买难、卖难、仓储力不足等问题;二是通过大力发展信息、科技、保险等新兴产业,可以提高对农产品的服务能力,从而提高农产品的竞争力;三是因为第三产业有投资少、投入产出率高、见效快等特点,其自身发展潜力大,可较快地改变农村经济增长方式,第三产业对生产的专业要求更高,能进一步促进农村资源的充分利用和合理配置,使农村经济由单一的农业经济向多元化发展,推动农村经济结构的优化。

2.历史沿革

石板岩地处的林州市历史悠久,夏属冀州,春秋时先属卫,后属晋。战国时为韩国临虑邑,后属赵国。西汉高帝二年(公元前

205 年)置县,以山取名,称殇帝刘隆名讳,改名林虑县。金贞三年(1215 年)改为林州,明洪武三年(1370 年)降州改为林县。民国29 年(1940 年)3 月划分为林北、林县两县,林北县属晋冀鲁豫边区太行区第五专区辖,林县属国民党统治区。民国 35 年(1946 年)6 月林北、林县合并,称林县,属晋冀鲁豫边区太行区第五专区辖。1994 年 1 月 24 日,经国务院批准,撤销林县设立林州市,由安阳市代管。截至 2005 年 12 月 31 日,林州市辖 4 个街道、13 个镇、3 个乡:振林街道、开元街道、龙山街道、桂园街道;临淇镇、姚村镇、河顺镇、任村镇、东姚镇、合涧镇、横水镇、陵阳镇、原康镇、五龙镇、采桑镇、东岗镇、桂林镇;城郊乡、石板岩乡、茶店乡。

3. 人文背景

(1)两种精神

石板岩乡蕴涵着两种精神:扁担精神和谷文昌精神。

扁担精神:解放前后石板岩供销社几代人在党的领导下共同努力铸就的,在交通极为不便的山区,他们靠几条扁担送货收货,为群众的生产、生活服务。太行山上沟壑纵横,道路崎岖,石板岩的沟梁坡坪上有 320 多个村子和 2 000 多户百姓。那时候交通十分不便,住在深山里的农民有时一月下一次山,用山野菜、野兔、山鸡换点盐巴。石板岩供销社的职工为改善山里农民的生活状况,改坐等服务到上门服务,"一根扁担颤悠悠,百货送到家门口",再将山楂、柿饼、核桃挑出山,数十年如一日形成了石板岩供销社"一心为民、勤俭办社、无私奉献"的扁担精神。

谷文昌精神:谷文昌 1915 年出生于石板岩乡郭家庄村南湾自然村,1944 年加入中国共产党,1949 年 1 月主动报名参加第三批南下干部长江支队,次年 5 月随军渡海解放福建东山岛。在此后的 14 年里,他在东山县担任领导,带领人民植树造林根治风沙,修筑海堤、公路,造盐田,建海港,从根本上改变了东山的面貌。林州人民为纪念谷文昌,于 1994 年在石板岩修建了文昌阁和谷文昌纪念碑。

（2）建房习俗

当地居民在计划兴建房屋时，首先主人会找工匠商议，决定平面的开间、进深、层数及用料等，其次便按照当地的生产生活习惯，决定各层的使用要求，确定各层的房间划分。在施工期间，工匠与主人还要就本工段各问题和下一阶段工程的材料、构件及安装等工序进行商议。客厅、卧室、楼梯的位置，窗子的大小、房屋的高矮，主人是可以决定的，石匠主要决定墙、梁柱、窗的位置等等。土、木、石等工种，各有专业工人负责。木匠负责加工木构件，石匠专职砌墙，主人的亲戚帮忙运泥、背石。早些时候，整个建设过程中用到的工具是简陋的，运木料时用肩扛、扁担挑，土工与石工工具变化不大，工作繁重，因此在铺土的日子全村人不用动员都来免费帮忙运石夯土。建造房屋过程中砌石、背土、上梁等劳动都伴随着当地村民的歌声和舞动。

（3）民族节日

①打春鞭年。《重修林县志》载："立春前一日，县官率属具威仪鼓乐，迎春于东郊，耕籍田，鞭土牛，具五辛盘，食春饼。颁送芒神、土牛画像，曰迎春。

②填仓增福。林州民间称正月二十四为填仓节。是日，人们将年间香坛里的食物倒入粮仓，标示过年已经结束，粮食应该满仓。此日过后，人们便开始远行，粮食可以外出。

③六月六看谷秀。六月初，正值谷子抽穗阶段，人们盼雨心切，习惯聚集地头观看长势，有"六月六，看谷秀"和"大旱不过六月六"之谚语。

石板岩的人文环境反映了当地人们对"自然、健康、生命、绿色"的执着追求。区域的自然人文环境是石板岩聚落民居形成和发展的背景，影响着石板岩聚落民居的形态生成，是石板岩聚落民居风貌特色的深层内涵。因而，对于石板岩地区自然地理、气候环境、材料资源、历史沿革及文化交融情况的了解，有助于对石板岩聚落民居有一个历史的、全面的认识。

2.2 石板岩聚落民居总体特征

传统聚落是中国社会结构组成的基本细胞,社会人群聚居、生息、生产活动的居住空间,其聚落结构、环境、风貌和文化是社会历史的反映。在豫北石板岩,聚落传统文化的价值取向体现于:以土地(地缘)为基础的人与自然和谐共生的人生追求、以家庭(血缘)为基础的人与人的社会群体价值和以儒道伦理为基础的道德精神。从血缘看,同村的乡民基本上仍是同一姓氏,聚落里保留的老宅,虽有因为各种原因而易主的情况,但其中的住户多半仍是凭血缘关系代代相传居住至今的,而易主的那些,通常也是本地人居住。当地人都是地道的农民,历史上从商、做官的比例不高。因此豫北石板岩聚落民居绝大部分是地道的农宅,没有华丽多余的装饰,体现出质拙、简朴的特性。

2.2.1 石板岩生态聚居的特点

石板岩聚落往往呈片状、条带状聚居,具有典型的群体聚落的特点。石板岩地区整体聚落布局沿山体逐层分布,民居分布错落有致,加之周围绿树浓荫,就像一副宁静质朴的山居图。石板岩民居自然生态聚居的特点主要表现在:

1.逐层分布,层次分明,错落有致

建筑形态丰富多样,展现了当地村民的审美和智慧。如图2-3,山腰上的石板房聚落层层叠叠,自由散布在太行山中。如图2-4,色彩斑斓的石板房大小不一,形状各异,如同童话世界中的城堡,生动有趣。

2.追求天人合一的生态观

无论建筑材料还是建筑形态都强调和周边环境的协调统一。整体聚落采光好,通风透气性强。局部微气候循环好,地下水位低,便于污水排流。石板房取于自然,又很好地融于自然,从整体聚落到每幢石板房都尽量减少对自然的破坏,讲求与自然相融合。

图 2-3　错落有致的石板岩聚落　　　　图 2-4　自由趣味的石板房

图片来源:作者自拍摄

3.因地制宜,景观独特

石板岩民居少了人工雕琢的再造之美,更多地体现了普通山区聚落自然、生态、质朴的美。建筑就地取材更是体现了绿色生态的特点。这种生态民居的营造,体现了当地的地域特色。山体民居顺坡逐层建造,高低错落,层次分明,自然生动。从远处望去,石板屋顶鳞次栉比,石板房色彩丰富,轮廓清晰,独具一格。

4.遵循"可持续发展"原则

房屋选址多为贫瘠难耕的坡地,节约耕地面积。在房前屋后,山坡上种植山楂、柿、桃、苹果等各种花果,收获时节,五颜六色的果实挂满枝头。山上土生土长的泡桐、香椿等树木,春夏郁郁葱葱,金秋五彩斑斓。这种看似无意的种植,既提高了土地利用率,又与现代设计中讲求植物绿化的功能相符合。这种古朴的绿化方式也正体现了生态化的特点。

2.2.2　典型实例

1.高家台村

高家台村位于石板岩乡集镇南 9 公里,背靠林虑山,面向露水河,全村约有 30 户人家,规模偏小,但其民居形态有致,内外空间十分丰富。聚落依山而建,分三个台面向后层层升高,各户根据地形地势各自安排屋型,虽地势狭僻,但叠岩错落,每个院落都能尽纳阳光,房前屋后植花种菜,院落空间充分利用,构成了当地民居鲜明的特征。如图 2-5 所示。

图 2-5　高家台村鸟瞰、民居、总平面及远眺

图片来源:除鸟瞰图由高家台村村委会提供外,其他为由自拍摄及绘制。

高家台村背山面水,村庄以水为定位轴线,选择有坡度的山脚或台地建村。水赋予了高家台村不仅是景观上的,更是当地小气候的恩泽——东暖夏凉。地势高差和水道的通畅,露天的地面排水网络使聚落成为童话般的住居场所;当地溪水多来源于山泉及地下水,水温冬暖夏凉,在炎热的夏季,流动的河水由于蒸发而吸收周围的热量,带走大量的燥热。村前露水河位于全村夏季进风口处,经过河水温润的凉风,降温效果更加明显。

2. 特点分析

石板岩聚落有自己明确的特点,而这些特点的体现则在于聚落的地形、场、水、住宅和色彩。现以高家台村为例重点分析。高家台村背靠林虑山,面向露水河。高家台村将地形的潜在优势,充分发挥出来。沿山体建造建筑,整个村庄位于大山脚下的石坡地上,住宅多建为二层。我们将聚落看成住宅的集合,将住宅看成由顶点、棱线、糟线和鞍点等立体空间的点线组成的要素,聚落中任何两个住宅都不在同一水平面上。微小的地形高差将平面中的线、点错综排列;建筑以迥异的线条和点错落的点缀在三维空间形态中时,组成了富有无限变化可能性的线、曲线、面、曲面,构成了"错视图"般的高家台村。以高家台村为代表的石板岩聚落,成功的活用原有地形潜在力所激发的形式,将其特点加以完美的表现,更是对地形特征的灵活运用。

聚落通常被看成是住宅的集合,住宅尽显了聚落的地域民居特色和文化特性。以高家台和益伏口为代表的石板岩聚落,建材主要是本土材料:石材,谷物的秸秆和树枝,就地取材成就了聚落和环境的协调。石材是石板岩聚落的首选和主要建材。石板岩乡大理石、花岗岩遍布林虑山脉,其中花岗岩分红、黑、花三个系列十多个品种,这也是聚落天然的聚落基调。石板之乡,与木建筑或是土建筑组成的聚落相比,更易让人产生坚硬与永恒之感。谷物的秸秆和细小的树枝,在这里延续了它的生命和价值。高家台聚落的住宅屋面中,在椽子和石板之间是被当地称为"靶子"的结合层,由编制的谷物掺泥土混合而成,保温隔热和耐久性均良好,使用寿命可达一二十年之久。同时,荆条也可简单的编织成更一般的用途——活动的窗帘。

如果说聚落中的建筑是对小地形的变形和加工,那么在高家台村,可以说墙壁是地形个性特征的象征,是对它的强化或是弱化。石板岩聚落的墙壁具有偶然性美学的共性,在宽松的尺度体系内,适应小地形和个体需求的差异特性,建造墙壁。所以由略显散乱的墙壁组合而成的石板岩聚落的住宅布局,恰构成了聚落自身休闲自得的景致。

石板岩聚落将地形、场、水、住宅等和谐的交织在一起,通过自然要素的光、空气、风等组织成有趣味的情景图示,并变化纷呈地呈现在外部空间形态中。这些构成了石板岩聚落的独特地域文化风情,地形、场、水的差异,形成了聚落形态的差异和建筑形态的微小变化,即使是聚落中最平常之处,也在隐隐约约中闪耀着乡土的智慧和民间丰富的想象力与创造力。

2.2.3 基本特征

1.群体聚落

石板岩乡多山藏水的地理特征,形成了当地"依山傍水"的聚落布局。石板岩聚落民居在平面布局上依山就势,充分尊重自然,注意建筑与周边环境的协调一致。高家台村是石板岩地区典型石板房聚落代表。石板岩乡高家台村背靠林虑山,南面向露水河。两条山泉从村中流过。以水为主要轴线,聚落沿河两侧分布,主要集中在缓坡山脚或缓坡台地。露水河流经高家台村,山清水秀,风景迷人。民居沿河流两岸分布,便于生活。炎热盛夏,高家台村经过风循环,整个聚落都空气湿润凉爽,适于避暑。露水河改善了高家台村的小气候,也深深影响着当地村民的生活。

石板岩乡多山藏水的地理特征,造就了当地人们"依山临水"的聚居方式。受崇尚自然的影响,石板岩聚落民居建筑布局表现出对自然的依恋和顺从,依山就势布局建筑,注重建筑与自然在空间上的调和关系。石板岩聚落民居群体聚落主要有如下特点:

①重重叠叠、错落有致,空间形态丰富多彩,充分体现出自由豪放、不拘一格的风格。

②追求人与自然的融合,饱含着古老的生态意识。通风好,自然采光与日照很少阻碍,微气候较好,地下水位低,排除污水较易。同时有利于节能。

③人文景观独特,临水山地多选单向阳坡,因而民居屋顶鳞次接比,顺坡而上,轮廓此起彼伏,依山就势,高低错落,自然生动而又富于特色。

④符合"可持续发展"原则,山地选址大多建在贫瘠难耕之处,有利于节约可耕地和提高土地利用率。

2.单体建筑

太行大峡谷的山体构造以页岩为主,山石多为红色沉积岩,由不同地质年代的沉积物层层叠加堆积而成石。这里的岩石因其水平片层节理发育,多为片状。石板岩民居在建筑材料的选择上具有典型地域特征,"石头""木材"自然生态的原材料为当地的人民提供了适应自然的栖息家园。

石板房是用石头充当瓦盖顶的一种房屋建筑。在石板岩,当地居民选择建造材料时,首选纹理平直顺畅的页岩基石。首先采出平直的大块板材;选择基石时,也会考虑基石周围是否有空旷场地,因开采下来的大块石板呈不规则形,空旷场地便于将石材打造成长方形石板;当地居民在采石时,沿岩石一边先轻轻打入钢錾,顺缝插入钢撬,一块厚度均匀平整的石板便可撬下来。也可以从岩纹四周打进钢钎,插入铁棍,撬出自己需要的石材。当地岩石成板,因此也叫"石板岩"。这里的页岩片层厚薄不一。薄的 2—5 厘米,厚的则有 10 厘米。薄石板平整而覆盖面积大,是石板房屋顶的主要材料。厚石板则撬割成大小均匀的石块,用来砌墙。

当地石板房多为两层,一层作为主要居住空间,上层为储藏空间,屋内设有木梯,平面布局也不是传统意义上的三开间,有五开间、七开间不等。每户可形成合院,朝向院落的石墙开窗,窗口较小,也有单幢出现的多开间形制。建筑特征主要表现为石板盖顶,石墙承重。如图 2-6 所示。

图 2-6　石板岩典型民居建筑外观

图片来源:http://www.photohn.com/bbs,黄建宇拍摄

①石板盖顶。石板岩聚落民居的屋顶用石板覆盖,因此没有脊瓦的设置,为了防止漏雨,通常的做法是一面屋顶伸出压住另一面的屋顶,而且选用的屋顶的石板多为矩形石板,并按照一定的规律整齐摆放,因而整个屋顶纵横线条错落,给人感觉非常有规律。优质的石板不易风化、不吸水,形成的屋面寿命至少达15年,有经验的师傅搭建的这种坡屋面保证20年不渗漏(20年后需要进行局部修缮),并且冬暖夏凉。石板会随时间的流逝,在风吹雨打中不断风化,因而在实际生活中就要不断地重新添加一些,在这个过程中,石板房屋顶也会呈现出深浅不同的色彩。

②石墙承重。石板岩地区的岩石多属石英砂岩,其软硬度正好适中,而且此种岩石有岩层厚度均匀、清楚、多裸露,采制时相对方便。开采石料的工作也没有很高的技术要求,只要事先在岩壁上按需要的尺寸画上墨线,再沿墨线四周凿出凹线即可。等下过雨后,趁石层间浸透了水,用工具一撬就能掀下一整层。就这样按照石层开采下来的石头自然就是厚度相等、上下平整的石板,不用再多做加工,可以直接用来建房,省时省工。而墙面则由大块的石头垒砌而成。

因此,选好建筑石材,用黄泥浆进行粘接,木构架承重,将石板吊上屋顶,最后在房脊和石盖板衔接处平放上小石板,便建成一幢精美的石板房。石板房所使用的页岩石板因溜水快,不会存水,梁、檩、椽子等木构架不会因潮湿而腐烂。

2.2.4 民居类型

分类原则的确定是受分类所要达到目的制约的,分类的目标影响着分类依据的选择。鉴于本书是以豫北石板岩聚落民居利用资源、应对环境为研究目的,因而要涉及石板岩聚落民居的总体布局。石板岩聚落民居总平面虽然是自然生长而成,但并非随意布置,各栋民居依山就势,灵活布置,彼此错落,而又相互联系。根据聚落总平面的布局不同,豫北石板岩聚落民居可以分为以下两种类型:

1.向阳式

主要考虑阳光的获得,争取最好的朝向,以便最大限度的接受阳光,避免建筑相互遮阳,从而形成相互错落的聚落。聚落建造虽较为密集,但经过有意识的错落,彼此之间很少遮挡采光。如高家台村和龙床口村。

2.顺势式

主要指受地形、地貌制约,或沿等高线起伏进退,或依山势水流错落、偏转的聚落布局形式。如图益伏口村,就整个山麓来看,各栋民居沿等高线形成顺势布局聚落。虽然豫北石板岩聚落民居依布局可分成向阳式和顺势式两种类型,但在许多情况下,两种布局形式往往相互渗透,交织在一起,从而形成了丰富多彩的石板岩聚落民居。(如图 2-7)

向阳式		顺势式	
高家台	龙床口	益伏口	石板站

石板岩乡集镇南9公里,露水河西边,30户人家。	出益伏口向东三公里,是离露水河较远的一个村落。	石板岩乡集镇向北约2公里,整个村子呈"之"字形。	高家台南一公里位于露水河东边,两户人家。

图 2-7　石板岩部分聚落分类

图片来源:作者自拍摄

2.3　石板岩聚落民居与国内外民居比较

2.3.1　国内重要民居介绍

1.周边地区民居

河南北部主要包括安阳、新乡、鹤壁三个地区,太行山脉在此连绵不绝。由于地理上的相连,三个地区在风向、气温、降水、地形、地貌等生态环境上都具有一定的相似性,但当地的民居却互有特色,各不相同,豫北地区传统聚落具有代表性的有新乡辉县的郭亮村(如图 2-8)和鹤壁竹园村(如图 2-9)。

图 2-8　新乡郭亮村民居

图 2-9　鹤壁竹园村民居

图片来源:作者自拍摄

①新乡郭亮村。郭亮村位于新乡市辉县沙窑乡万仙山风景区,地处河南省北偏西的太行区。现有 80 户左右人家,三百多人,大都为申氏。因 20 世纪 70 年代,为让村民出行方便,在村支书申明信的带领下,13 位村民在无电力、无机械的状况下历时五年,在绝壁中开凿出一条高 5 米,宽 4 米,全长 1200 多米的石洞——郭亮洞而出名。这里有石磨石碾石头墙,石桌石凳石头炕,浑石到顶的农家庄院,一幢幢,一排排,依山顺势地座落在千仞壁立的山崖上,具有特有的魅力。

②鹤壁竹园村。鹤壁竹园村位于淇河白龙庙上游北岸,淇河从村前静静的流过,是一处清静幽深之地,村内有一"九门相照①"式宅院,始建于清代同治四年(1865 年)。宅院共有四进院落组成,从头道大门起,每进院落的堂屋正门前后相通,建在一条中轴线上。堂屋均为 5 开间,最后一进院落为正堂屋,留有一个大门。前后相加,正好九道。整体布局依山而建,后高前低,从正门开,有步步登高之意,设计颇具匠心。

豫北地区传统民居大都沿袭了山西民居的建筑风格,恢宏大气,讲究"雕梁画栋",在建筑中注重砖雕、木雕、石雕等传统艺术手法的运用。这一点在郭亮村和竹园村中的民居中均有所体现,这显然与明代山西大槐树下的先祖移民有割舍不断的联系。将上述两地区民居与石板岩聚落民居相比较,郭亮村和竹园村民居更体现人造之美,石板岩聚落民居则体现普通聚落更自然、本质、淳朴的一面。

2. 豫南山地传统民居

豫南山地传统民居主要包括信阳市新县、罗山县、光山县和商城县、固始县等地的山区传统民居(图 2-10)。位于豫、皖、鄂 3 省交界处,不同地区民间技艺的碰撞、融合使得豫南地区传统民

---

①　所谓的"九门相照",就是家中所有的房子和院门打开九个门成一条直线。http://www.godpp.gov.cn

居的形式独具一格,呈现出一种婉约气质的民居形式,被称为"类徽派"民居。聚落布局上,以家族聚落为特征,各户村民之间多为亲属关系,较多保存了完整的姓氏族谱;空间布局上,纵然没有经过详细的规划设计,却自然形成以宗祠为中心,向四周发展的模式;单体建筑上,依山就势、顺应地形,多种平面组合形式布置灵活,建筑的建设大多由风水师选定日期和建址,选址上要求坐西北、朝东南,如果因地势原因或其他因素达不到上述要求,要采用其他措施进行弥补,如使大门偏侧某个角度;建筑形态上,徽派民居的影子随处可见,灰色的小青瓦、冷摊形式的屋面、刷上白灰的夯土墙体、狭长的天井和内院,不断映入眼帘的风火山墙等;结构形式上,区域内多种多样的梁架形式,大部分都为抬梁式,但穿斗式结构也在局部使用,是一种抬梁式和穿斗式相结合使用的过渡类型。

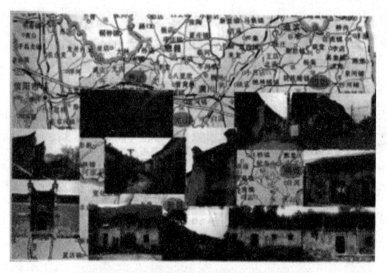

图 2-10 豫南山地传统民居分布示意

豫南山地传统民居为非典型性民居,但是它却是人们因地制宜的灵活创造,因此能够充分体现出来建筑中的地方性特点。当地人的积极主动性、灵活创造性、传承性和责任感在建筑充分体现了出来,移民文化与地方特点的相互交织和作用,更加体现了其价值。

3.贵州石板房民居

除了豫北石板岩外,我国其他地区也有很多类似的以石材为主要材料建造的民居形式。如湖南西部的凤凰地区,福建惠安等地都有用石头建造的房子,而云南大理地区也有用卵石建造的房子,山东荣成以及西藏的部分地区还有用大块的石头建造的多层建筑形式。尤其以贵州中部及西南地区的石板房特色较为鲜明(如图 2-11)。贵州石板房大致可分为贵阳郊县和安顺两个比较集中的地区,当地的汉族、布依族和苗族都居住在石板房当中。这两个地区都以石头建房,其形制也大略可以代表整个贵州地区石板房的形制和建筑特色。虽然同为石板房,但豫北石板房与贵州石板房却有很大的不同。

图 2-11　贵州石板房形制

图片来源:王其钧.民居建筑.北京:中国旅游出版社,2006.01.P131－135

首先,在内部空间布置上豫北石板房多大于三开间,高为两层,一层居住,上层储物,屋顶较缓,以合院式布置为主。而贵州石板房,大多为三开间的建筑,房屋四周开窗较小,通常只在大门两侧开通风窗,两侧或房屋后部都不再另设窗口,因此建筑室内比较昏暗。房屋以中间一间最为宽敞、明亮,这里既是家中供奉祖先神明的祭堂,也是招待客人的厅堂,两边的房间则依次分隔成厨房和卧室。因依山而建,所以典型的房屋一端是单层,另一端是两层的楼房,楼板也由石片组成。正中的房间是祭奉祖先或神灵的堂屋,为单层建筑。在两端的楼层中,人住在上层,下层用以圈养家中的牛。通过剖透视图(如图 2-12),可以清楚地看到内部的空间分布特点。在外面看到的平房式石板房,在内部其实分为三层,是因为底部高台基将整个房屋的高度提升了。最底层是圈养牲畜的圈,上层以木板相隔的是人们的卧室,而最上面的顶部则可以作为储藏室使用。

图 2-12　贵州石板房剖视图

图片来源:王其钧.民居建筑.北京:中国旅游出版社,2006.01.P131—135

其次,在结构形式上,豫北石板房属于石墙承重的台梁式,屋顶的荷载由木构架传给四周的石墙,而贵州石板房则为穿斗式木构架支撑,石材只是围墙和屋面的覆盖物,但木架构全部被石头包住,石头的砌墙加上石板铺设的屋顶,因此从外观上根本看不到木头的影子,整个房子都如同石砌的一样(如图 2-13)。这里的石板房主体仍为木架构,而且大多石板房底部高台基里都不填土,而是形成地下室,作为牲畜圈使用,而人们实际是居住在悬空的二层,所以可以说,贵州石板房是当地干栏式建筑向地面式建筑过渡时期的产物,属于较为奇特的干栏式建筑而已。

从贵州布依族的传统聚落存在的路网、寨墙等现状情况可以看出,这种传统聚落的规划布局是经过一定的安排的,在后来也有自由的发展。传统聚落之所以会有统一安排的原因在于血缘关系,这类村寨通常是为了屯兵或者是有官式背景,或是屯兵需要,或是大姓家族,如南龙古寨、马头寨等。另外也有一些依山就势与整个地势环境融为一体的村寨,这类村寨往往是小型村寨或者是外姓杂居的村寨。这种自由型村寨数目较多,这类村寨对朝向没特殊的要求,其首要前提是适应地形,每家房屋的修建都要经过风水勘测之后,选取坐北朝南的最佳朝向建造。以下是贵州布依族传统聚落在布局上的几种形式:

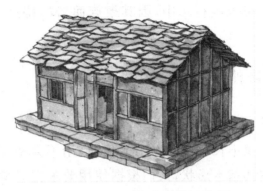

图 2-13　贵州石板房结构示意图

图片来源:王其钧.民居建筑.北京:中国旅游出版社,2006.01.P131-135

①串联式:这种村寨多在地势开阔的平坝或河谷地带形成,住户依据地势和位置由几户到十几户连成一个小组团,有的多达几十户连在一起,组团之间通过乡间公路联系起来,其间为农田。

②排列式:山脚之下形成的村寨多为这种形式,建筑的布置与等高线平行,沿房屋前后布置相应的路网系统。这是小型聚落通常采用的布置形式,大路作为横向交通贯穿其间,用石梯连接竖向交通,用小路连接其他横向交通。还有一部分聚落的下部分也按这种方法排列。

③围合式:村寨以"U"形围绕山头展开,山上也即是村寨的核心,以外姓成员为主的下层村寨,布局以山头为中心成列状展开,村寨有两层防御体系,整个村寨的第二层的防御体系是利用较为坚固的建筑和围墙,村寨布局的核心形式是顺应地势的自由的形式,例如镇宁的石头寨就是其代表,建筑顺山势布置,下层是蜡染的主街,通往山上的路位于村寨的核心位置,防御的石墙门也在这里。山上建筑为显示其处于村寨的统治地位则位于龙头位置。

④成片式:成片式的布局方式有两种,一种位于山腰上,一种位于平坝上,较大的聚落大多形成于占地域较大的平坝上,这种村寨容易形成成片的聚落且易于发展起来,也有的经过两点逐步发展成片状;建筑布置依据地形和山势,形成山腰成片式,一些位于山腰和山脚的建筑,聚落轮廓并无定型,可根据山势自由地伸展与生长。在布依族村寨中,因其聚族而居的特点,这类村寨的数量比较多。

2.3.2 国外重要民居介绍

1. 土耳其民居——岩洞房屋

这种房屋在不长草木的石山上建造,用不太坚硬的天然岩石凿劈而成。按其基本形状,人们根据使用要求把它凿成长方形或四方形等形状。这种房屋三面墙都是岩石做成的,大多数房屋的面积 20 m^2 左右,建筑室内净高大约为 2 m,通常开两扇用天然岩洞修凿成的房门。这类房间无窗户,因此室内光线和采光较差。正面的墙壁通常根据自然洞口的位置,用岩石凿成或者用石块砌成。房屋的炊事场地布置在房间入口处,厕所以墙壁进行分隔开并布置在房间深处,地面以毛绒毯或地毯进行铺装。房屋建造简便,布置简洁,除了房门的制作需要木料,无需其他建筑材料。在这里,只要有凿石的器具和开凿技术,便可建造房屋。也有部分房屋的房檐需要用木料,庭院的地面是凿开的,面积很小,有的用木材建造的小院子,供人进出、作晒场或活动场所。人们在山坡上修凿阶梯或者利用天然山洞修凿沟通后作为房屋之间和向外的通道,

这种岩洞建筑至今已有 1 500 年的历史,是一种很古老的建筑。现在,很多村民家里安装了电视机,饮用水管也已经通向村庄,村民的生活条件得到了很大改善。

2. 伊朗民居——山村建筑

伊朗有一个很特别的村庄叫做"麻斯列",这里的房屋都呈阶

梯形建造在山南面的斜坡上。而屋顶成为道路供人们行走。因此村庄到处都有很好的视野。晴朗的白天是村里的人们在户外活动的好时间,他们或在室外的路上散步、或极目远眺、或收拾粮食、或编织衣物。

这个村庄环境优美、气候宜人,相传早在 1 200 年前就开始有人居住。除了麻斯列,在伊朗很少有如此宜居的地方。但也存在一些问题,比如冬天的积雪清扫有时候会引起上下两家人的口角之争,因为房屋的构造决定了上一家会把积雪扫到下一家的门前,人们对此也束手无策。至于这里房子建成阶梯形状的原因也无从考究,也没有人能够说的清楚,而且也没有人在意别人把自家的房顶作为行走的道路。

这里的房屋以土木为主要结构,建造在山坡上,出入有二扇门,门较大,设置的小窗户离地较高。建房用的材料都很坚固。雨水排泄道设置在屋顶两侧的斜坡道上。这种房子冬暖夏凉,适于伊朗人的居住习惯。

3.坦桑尼亚民居——茅草屋

坦桑尼亚的高原内陆地理气候条件属热带草原性湿热气候,这里整年遍地奇花异草、绿树成荫,当地的民用的建筑材料有树木、树叶、茅草、芦苇、荆藤、泥土等,形成具有传统民族特色简易古朴的"茅草屋"。这种房屋高低大小不等,多为半径约 2−3 m 的圆锥筒形,建筑材料大多是木杆、藤条、荆、椰子叶、芦苇、茅草、香蕉叶、泥土等易于就地取材的材料。建房时先将木杆插入地面围成圆筒形,木杆间用藤条、荆或编成束的茅草捆绑缠绕,墙壁用泥土覆盖而成,屋顶用果叶或茅草编排整齐覆盖而形成圆锥形,房屋大多数都没有窗户,只留一扇开启的门,门板用木支架做成,上面覆以茅草或芦苇。这种房屋适应当地的地理环境、气候及经济的发展情况。

经过改良的长方形或圆锥筒形房屋多位于滨海地区或公路、铁路边,房屋台基低矮,约为 10−30 cm,墙体用木材或石头做成,房间进深约 3−5 m,被分隔成小间,房间大多开有窗户,房屋留有前门或后门,屋顶用茅草芦节或树叶编排而成。随着地理环境的改变和社会经济的提高,出现了现代化的钢筋水泥等结构,例如首都达累斯萨拉姆市。海滨度假村还保留一些具有民族传统特色的茅草屋用以吸引国外游人,也有室内配有空调、卫生间等设施的具有非洲特色的双层的木架砖石水泥建筑。

4. 柬埔寨民居——高脚屋

高脚屋是柬埔寨人的传统民居,它也被称作高脚楼,类似于我国云南傣族人的竹楼,它的平面呈四方形,有上下两层空间。上层用来住人的房间,其地板和墙壁用木板制成,下层空间无墙,地板距地面 2 m 多,用水泥桩或木桩作屋脚把房屋托起,木枕下垫台墩以防雨水侵蚀,下层用来放物品或养家畜,屋顶为双坡,农村和城市地区的屋顶用材不同。

柬埔寨属于热带季风气候区。地势低洼、河湖纵横,每到阴雨连绵的雨季,房屋大多经不起雨水和潮气侵袭,而高脚屋通风较好又能很好地适应当地环境和气候,这种凉爽的居住环境受到柬埔寨人的喜爱。

5. 马来西亚民居——长屋

在马来西亚沙捞越州,有一种散发着原始群居生活的气息的、粗犷的、古朴的、宁静的民居点缀在高大的椰林中,这种民居形式就是长屋。长屋的地板离地数尺,用竹板或木板铺钉而成,通过打入地面的几十根木桩支撑。架起的地板既可防潮又可躲避蛇、鼠等的侵袭。进出长屋通过门口一架固定的木梯。中间是用于铺晒衣物和谷物当地语言称"单珠"的晒台,同时也作为长屋的通道。长屋的一部分是被叫做叫"鲁爱"公用大厅,它由各家的厅连接起来形成,占长屋近一半的面积,大厅是人们吃饭、聚会的地方。厨房设置在大厅的角落,用铁桶或锌桶改装成炉子,用木材或干草烧饭,另一部分是被称"比勒"的房间,它是用木墙分隔成的供各家起居、休息的地方。长屋里没有设置厕所,大小便得去周围的村头田间或树林中。长屋的用水通常从附近的池塘、沟渠或溪河里取。

随着社会的发展,生活环境的变化,现代的生活方式逐渐深入到沙捞越州土著人的生活中并被慢慢接受,有些人已经搬进现代的居室,一些传统的长屋里也添置了新的家具和设备,但长屋作为一种特色建筑,至今仍有众多的保存,吸引着国内外许多游客前来参观。

2.4　本章小结

传统民居的形成和发展与其所处地区的地理环境、气候条件、文化信仰、社会政治、经济发展有着密切的关系。因此本章节从豫北石板岩乡的自然历史文化背景出发,首先探讨了当地两个典型聚落实例,并在此基础上详述了石板岩聚落民居的基本特征,又进一步根据聚落布局的不同提出当地石板岩聚落民居的分类。最后,指出豫北石板岩聚落民居与周边地域民居的区别和全国石板房特别是贵州石板房在功能、构筑上的差异。

通过对豫北石板岩传统民居背景、特征的梳理,结合当地特定的自然资源和自然环境,发现石板岩聚落民居在利用自然资源和应对自然环境上有着独特的处理和做法,也为下面章节的研究提供了启发和线索。

第3章　石板岩聚落在利用资源和应对环境上的启示

　　不同的地域有着不同的自然资源和自然环境,它们具体包括气候、地形地貌、日照角度、日月潮汐、水流风势、气温、气压、食物、土地、水质、地质矿产、动植物分布等要素。建筑本体存在的首要目的是为了遮蔽人工舒适环境并维持其与自然气候之间的差异。好的建筑就像植物一样落地生根,合天时,应地利,适宜于地区自然环境的要求。作为人与自然中介的建筑,对外应有利于形成小区外部环境,对内应有利于保障人居的室内环境,与人和自然都融为一体。人与自然的关系不仅决定了建筑与自然的关系,最终也反映在建筑与自然的关系之中,随着人类从野蛮、愚昧到文明、理智的进化,人类利用自然因素的广度和深度也不断地发生着变化。在传统民居建筑形态生成和发展的进程之中,自然因素在不同的发展时期所起的作用和影响虽不相同,但总体上呈现出,从被动地适应自然到利用自然和主动地应对环境,以致巧妙地与自然环境有机相融的过程。以"环境"为基准,建筑可以理解为人类对自然资源利用和对自然环境应对的程度以及由此构成的形态。

　　由于石板岩独特的山区气候和地理特征,使石板岩人对自然的认识在敬畏自然的状态中找到了一条最好的生存道路,即顺应自然、尊重自然。结合生态建筑的范畴,从环境设计的角度来看,生态建筑就是在最少资源消耗和最小环境负荷的情况下,创造最高居住环境质量的建筑。因而对自然环境主动应对和对自然资源合理利用成为石板岩聚落民居建筑生态适应性的主要特征。

3.1　应对自然环境

　　石板岩乡地处暖温半温润大陆性季风气候区,光照充足,四季分明。春季多风少雨,夏季炎热,降水集中,秋季旱涝不均,冬季既干又冷。年均气温 13℃ ,年平均降雨量 670 mm,无霜期 180 天左右。对石板岩聚落民居应对自然环境进行界定和总结,结合已有的民居研究成果,发现这种独特的山区气候既影响着当地人们的生计、习俗,也直接反映在当地民居的聚落选址、平面布局、空间组织、材料构造之中。

3.1.1　聚落选址

　　河流与水系是豫北石板岩地区总体的地貌特征,山地与河流将可以用于居住与耕作的土地化整为零,使得民居建筑的形态与布局都是顺势而为,以减小对地理环境的影响。因此,豫北石板岩地区的房屋乃至聚落的选址,多是依山就势,依据地势呈带状或团状分布。这种依山而建的聚落形态使房屋之间能够产生良好的通风、采光条件。背靠大山可以抵挡季风性气候带来的冬季寒流;而在夏季,整个聚落都可以享受到从南面吹来的自然风,形成良好的通风环境,这在石板岩地区的气候环境中显得格外适用。与平原地区的大型宅院相比,位于山区的房屋体量更加小巧和紧凑,即使是较大的建筑,也是将其分解为多个小体量的单体,然后通过院落、回廊等空间实现功能上的联系(如图 3-1)。所以在布局上也更为灵活、多变,一般除了住宅的核心部分,其他的附属房间可随功能的需要或地形的变化而变化。

　　1.选址依据

　　石板岩聚落民居的选址遵循我国"风水选址学说","风水学"是中国古代即已产生的一种环境设计理论和原始的环境科学。风水学对传统住宅、村镇、城市的选址及规划设计都产生了一定的影响,它将自然环境、人文环境以及景观的视觉环境等做了统一的考虑,它还是中国传统宇宙观、自然观、环境观、审美观的一种综合反映。中国传统的风水理论在聚落选址布局方面的考虑主要集中为以下五个方面:①选择有利宅地;②选择房屋的朝向;③确定房屋的空间组织结构或形制;④建造围墙;⑤决定什么人应住在哪里。而根据现代建筑环境学的观点,在科学地为建筑物和聚落选址的时候,地方性自然环境的以下特征是非常重要的:①饮用水的利用率;②地面排水;③水灾时的安全性;④适当的日照方向(引自环境学)。可见风水学综合原始的地理学、气象学、景观学、生态学、城市建筑学等思想,将这些问题都考虑到了,因而风水理论可以说是一种综合的自然科学。它阐明了微地形,小气候,生态和自然景观的依从关系,指导古人如何选定宅地才能与周围的自然、人文环境协调共处,并因而从中汲取利益。

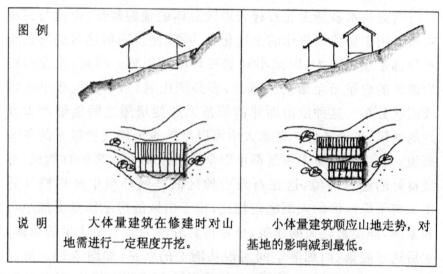

图 例	大体量建筑在修建时对山地需进行一定程度开挖。	小体量建筑顺应山地走势,对基地的影响减到最低。
说 明	大体量建筑在修建时对山地需进行一定程度开挖。	小体量建筑顺应山地走势,对基地的影响减到最低。

图 3-1 小体量建筑对环境的适应

图片来源:作者自绘

石板岩聚落民居选址多"负阴抱阳,背山面水"、讲究"藏风聚气",基本符合传统风水学说对于聚落外部环境的要求,即"背靠主龙脉生气的主山,左右是左辅右弼的砂山——青龙白虎,前有屈曲生情的水流绕过,或是带有吉祥色彩的弯月形水塘,水的对面有案山对景"(如图 3-2)。如高家台村,背靠林虑山,面向露水河,坐北朝南,完全符合风水学说的理想模式。至于阳基讲究"枕山、环水、面屏"(如图 3-3)。在聚落选址中,依据风水选址学说,易于利用自然的环境、资源因素为我所用的,能创造更佳建筑环境的地点。

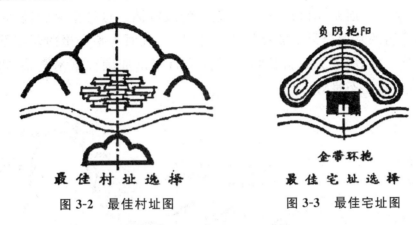

图 3-2　最佳村址图　　　　图 3-3　最佳宅址图

图片来源:王其亨.风水理论研究.天津:天津大学出版社,1992.P27

2.选址模式

石板板岩聚落选址多以山为依托,背山面水,藏风聚气。如益伏口村,它坐北背山,可"生气、纳气、藏气",从根本上挡住了冬季寒冷北风对住户的侵袭。它面水朝南,可接纳阳光,又使气"界水而止",从根本上解决了住户所有人家的朝向及用水问题,这样冬暖夏凉的大居住环境就自然而然得以形成。基本符合传统风水学说对于聚落外部环境的要求,即"背靠主龙脉生气的主山,左右是左辅右弼的砂山——青龙白虎,前有水流绕过,或是带有吉祥色彩的弯月形水塘,水的对面有案山对景"。注重聚落大环境的选址,为整个聚落环境孕育着生机。

(1)依山造屋

石板岩地区多山少平地,所选基地通常是有坡度的台地或阶地。建筑背山面水,依坡而建,有一定的高下之分,整个聚落自然具备了良好的通风和采光条件:一方面由于季风性气候,冬天寒冷,盛行北风。北面靠着山可以屏挡冬日北来寒流,另一方面当夏季酷热难耐时,南来的自然风又可以没有阻挡的自聚落南面的山阴处或河流上吹进村里(如图3-4),如高家台、益伏口村皆是如此。另外,石板岩传统聚落,还是泥土的道路居多,传统民居用材也较随意,就更要选择台地或缓坡地,目的就是迅速地排水,遇上经常性的降雨,尤其是大、暴雨时,山上倾泻的水顺着自然的地势流到低处,而避免留在村内,引起洪涝或浸渍。这种坐北朝南,依山而居的基地容易形成良好的生态循环,从而为整个聚落环境孕育着生机,所以无论益伏口还是高家台聚落周围皆草木繁荣,水源洁净,生态良好。

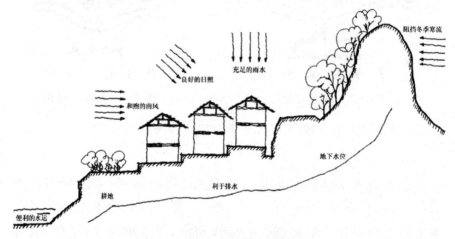

图3-4　聚落生态小环境示意图

图片来源:作者自绘

(2)傍水结村

近水当然是方便水运交通及生活、灌溉用水。石板岩地区的水资源丰富,通常河水都做农业灌溉之用,因此聚落不必贴近河流。一般建屋也都不会紧贴自然水流的水岸,避免水岸严重的湿气对建筑的影响,以及连续的降雨或暴雨造成的河水暴涨可能带来的麻烦。但这也不是绝对,也不乏水流穿越聚落的例子,不过多水流清浅,如高家台村村内就有两条山泉溪水流过(如图3-5、3-6)。

图 3-5　高家台村内山泉溪水

图 3-6　高家台村内溪水钢笔速写

图片来源:作者自拍摄和自绘

(3)平行分布

　　益伏口聚落民宅布局大多沿等高线平行分布,这样处理的具体原因是什么呢? 石板岩聚落地处大陆性季风气候,四季中春秋短、冬夏长,季节特征明显,通风和隔热是聚落布局的重点。夏季的自然通风要求建筑群体能尽可能减小对风的阻挡,建筑群体面对这些风向应该是开敞的,能引导气流进入;冬季则要尽可能阻挡气流进入群体空间。我国的季风夏季与冬季的主导风向不同,大部分地区夏季盛行东南风或南风,而冬季盛行西北风,这样就可以利用建筑群体布局使得上述两个相互矛盾的目标同时实现。比较科学的布局模式是,面对主导风向平行地布置,在建筑群的最北边布置最长的和最高的建筑,然后向南逐渐使建筑高度降低。聚落只要结合选址时坡地座北朝南即北高南低的自然地形和面对南向主导风平行布置建筑就可以较好地满足这种模式,这样一来,北面山头能屏挡冬季北向来风,还形成了面对夏季南风的开口状态。运用上述原理,益伏口聚落民宅大多沿等高线平行布置就不难理解了,因为坐北向南的缘故,平行于等高线的方向基本与面向盛行风的方向一致。

(4)注重聚落周边植被调节

在石板岩乡聚落中无论高家台还是龙床口村,从村头到村尾,树木遮天蔽日(如图 3-7,3-8)。而植被对形成良好的外部自然生态环境有重要作用,它们不仅能够美化环境,同时还能够提供新鲜空气、吸附空气中的粉尘,并且吸收有害气体、降低噪音、在夏日为人们遮阳降温,从而改善聚落的小气候,有利于农耕生产、人居生活和居民的身心健康。当聚落生态系统充分利用周围的小环境时,就会使聚落的生态系统与周围的自然环境形成良性的互动关系,使聚落的生态系统纳入其所在的自然生态环境之中。

石板岩聚落中利用风水学说理论作指导,进行聚落选址和布局有一定的科学性,在被动的适应自然、气候环境的同时,也利用了资源、应对了环境,恰当和有效的改善了聚落环境。在石板岩聚落民居的选址中不仅重视单体民宅本身,而且也重视民宅与聚落周边自然环境的相互关系,从而保证了石板岩聚落民居整体布局上的科学性。

图 3-7　高家台村全景

图 3-8　龙床口村全景

图片来源:作者自拍摄

3.1.2　平面布局

以"一明两暗一字房","一正两横三合院"及"两正两横四合院"这三种类型为主。其中"一明两暗"一字房的布局方式对石板岩地区传统民居的影响是巨大的,其影响范围以及规模数量都达到了一定程度。在石板岩地区,一正两横三合院保留居多,其形式紧凑,基本形式多做内向方形,堂、厢房、门屋、院墙等要素围绕方形形成封密式的内院。正屋多为三开间或五开间,尺寸在 8—12 m,进深 4—5.5 m 不等,围合内院的堂,厢房多为二屋高,一般在 7—8 m,且堂略高于厢房。单元与单元之间的组合通过地形高差,预留过道拼接穿插而成。石板岩民居在平面应对环境上关键在于有个庭院,而庭院的价值在于绿化。这里民居建筑"冬暖夏凉"效应正是与院中的树木绿化密不可分的:夏季树的枝叶遮挡了艳阳,使房屋和庭院掩映于婆娑树影之中;秋冬季节树叶落去,冬日暖阳透过枝隙又能照射到房屋内。这里合院成为了整个建筑的中心,于建筑物内部形成小环境,作为室内空间与室外空间的过渡。"庭院+绿化"所构成的和谐共生的生态系统最为关键,当地人们这种生态情结,应对环境的做法使我们对旧民居的保护与更新问题提供一个新的视点。

1.平面组合形式

石板岩聚落民居平面布局以合院布局为主,平面虽方整而不呆板,虽紧凑而不局促,虽格局统一而仍多变化。主要有一字房,三合院及四合院这三种类型(如图 3-9)。

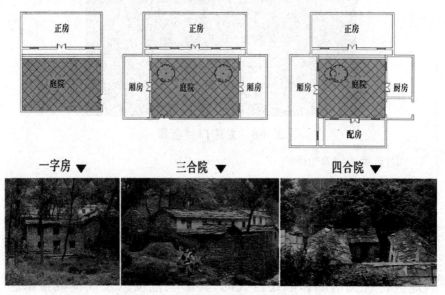

图 3-9 石板岩聚落民居平面模式图

图片来源:郑州大学建筑学院耿强老师提供,平面自绘

①一字房,此类平面以开间为单元横向拼接而成,一般为五开间,是一种独立式的小型民居,由于其经济性,为一般农户所采用。这种简单的民居形式是其他类型平面格局的基础,可以说是其他所有平面形制的原型。

②三合院,以一字型平面为正屋、多三开间或五开间,中间为堂屋,两侧为卧室。在左右两个尽端,隔院落向前加三间厢房,且略低于厅堂,这种形式在石板岩聚落民居中保留具多,是石板岩聚落民居现存的主要形式。

③四合院,即房屋围绕院落四周布置成为一个对外封闭的宅院,具有一定的围合感和向心性。这种布局方式在石板岩较为少见,恐怕是建造费用过高及空间过剩的缘故。

合院单元大多数为二层,使用者在民居内的活动主要集中在一层,二层现在只作为储藏空间,在这种合院式的布置中,一般在东西北三面设置厨房、柴棚等杂屋,从而降低了堂屋与外部环境的接触面,使主要居住空间的传热耗热值较低。平面单元与单元之间的组合较为灵活,随地势高低布置,通过高差,预留过道拼接穿插而成,错落有致,不拘一格。

院落围合是我国传统民居的重要特点,在围合的院落中,各建筑总体呈现出中轴对称及比例均衡的特点,即在整座民居中,有一个显著的中轴线,主体房屋沿中轴线前后建置,而其他附属房屋则建在轴线建筑的两侧,并且要建为左右对称的形式,即使在形象上不能完全一样,也要取得均衡之势,院落围合与中轴对称构成了我国民居建筑(当然也包括其他众多类型的建筑)的两个最突出、最重要的特点。

2.平面应对:庭院+绿化

庭院是石板岩聚落民居中一个非常活跃的元素,它座地朝天,敞口于上,通风纳气,剪裁一方天空画卷于住宅之中,摄取自然精华,把光、风、雨纳入住宅,是石板岩聚落民居中不可缺少的一部分,成为人与自然相联系的枢纽空间。体现了石板岩聚落民居在不经意间形成的生态特征。在走访的许多住户中,院内都种有果树或花卉植物。最常见的有石榴树、梨树、苹果树、枣树、葡萄、丁香、海棠,这些树种高、矮适度,同时还存在着象征对多子多孙、富贵的寓意,而且又是果品中的美味。每天每时,无论从景观上还是从调节局部小气候方面,居民都得益于植物对环境的作用。绿色植物不仅通过光合作用使宅院内环境空气清新,而且房屋周围树木的布置在一定程度上可以影响和引导风的方向,促进室内的空气流通。炎热的夏季,浓密的树冠遮挡了艳阳,使房屋和庭院掩映于婆娑树影之中,对热空气起到冷却作用。经过树木降温的凉空气就会进入屋内,带给人们清新凉爽的空气;到了秋冬季,树叶落去,冬日暖阳透过枝隙又能照射到房屋内,使室内的温度升高(如图 3-10)。这样,庭院也就成为整个建筑的气候缓冲阻尼区,丰富了建筑的总体气候梯度,从而创造了在各季节相对都比较舒适的室内环境。石板岩聚落民居平面应对环境上关键在于有个庭院,而庭院的价值则在于绿化。这里民居"冬暖夏凉"

效应正是与院中树木的绿化分不开的,显然在平面应对自然环境中,"庭院+绿化"所构成的和谐共生系统最为关键。

图3-10　不同季节的庭院

图片来源:http://club.yule.sohu.com

3.1.3　空间组织

传统民居的空间形态受地方生活习惯、民族心理、宗教习俗、区域气候特征的影响,其中气候特征对前几方面都产生一定的影响,同时也是现代建筑设计中最基本的影响因素,具有超越其他因素的区域共性。"建筑物是建造在各种自然条件之下,从一个极端封闭的盒子到另一个极端开放的露天空间。在这两种极端情况之间存在着相当多的选择。"气候的变化直接影响了人们的行为模式和生活习惯,反映到建筑上,相应就形成了或开放或封闭的不同建筑空间形态。石板岩地区气候表现出典型的大陆性气候特征,也就是如前所述的冬冷夏热、季风气候,这种气候特征的特点在于多变,也就是既要能在夏季降温,又要能在冬季保温。

1.空间形态

石板岩聚落民居聚落中一般有入村的广场空间、街巷空间、住户的门前溪边空间和庭院空间。它们主次有别,层次分明。从村外自然空间——街巷空间——门前溪边空间——宅院空间,空间处在连续的变化之中,一层层的变得更私密。入口空间用于全村的集会交流及举行婚丧嫁娶,是全村的公共活动空间,街巷空间担负这村内界面和民居外界面的双重身份,链接着宅与宅,在空间序列中起着由开放到私密的过渡作用。而院落空间为各家拥有,是私密的内部空间,但院落空间的分界线并不明显,似乎很难以临院落一面的外墙作为分界,尤其与院落交界的简易木栅门,增强了院落空间的不确定性,木栅门敞开,使室内有室外的感觉,室内空间因院落的存在而得以延伸和扩大,同时也造就了门前溪边空间的多方面适应性。门前溪边由于具有"柔性边界"性质属于过渡的模糊性空间,往往更能吸引村内人们的活动。丹麦学者杨·盖尔在《交往与空间》一书中这样解释到柔性边界的概念,即"在属于私密的内部空间和属于公共的外部空间之间设有过渡性的界面,是一种既非完全私密,又非完全公共的过渡区。它们常常能起到承转连接的作用,使居民和活动在私密与公共空间回旋时在生理上和心理上都更加轻松自如"。如高家台村一住户的门前溪边空间正是符合了这种柔性边界的性质,具有半公共的模糊性,因此村里自发性活动多集中于此(如图 3-11、图 3-12)。

图 3-11、图 3-12　村前溪边空间

图片来源:作者自绘和自拍摄

2. 空间应对

石板岩地区,山多田少。为了节约土地,户与户间距非常大,注重密集建造。正如李允鉌先生对中国建筑的特点概括中所说的:"大概由于设计标准化的关系,单座建筑基本上不作多元合一的考虑,平面组织的原则在于寻求群体的完整和变化"。石板岩聚落民居空间在表现出多变的同时,空间之间通过相应的组合在

应对气候环境方面也起着举足轻重的作用。这些大小不一的空间除了各自的功能外,更是聚落及住宅内部有组织的自然通风渠道。夏季聚落由于建筑屋的蓄热作用,气温略高于周围环境,到了傍晚,旷野的气温冷得快,温度更低,此时村内的热空气因比重轻,会迅速上升,这样周围山村田野及河溪的冷空气随之来补充,经过聚落里大大小小,层次分明的空间,从而形成良好的街道巷口风,并夹带着清清凉凉的湿意,所以夏季的夜晚,在村中漫步觉得凉风习习,令人轻松异常;冬季由于山泉溪水穿村走户,而带来的热浪会向周边慢慢辐射,又与村内的气温融合循环,温度升高(如图 3-13)。这种自然空调的良好效应,正是石板岩聚落民居空间应对当地特定气候环境的结果,利用气候原理形成的。

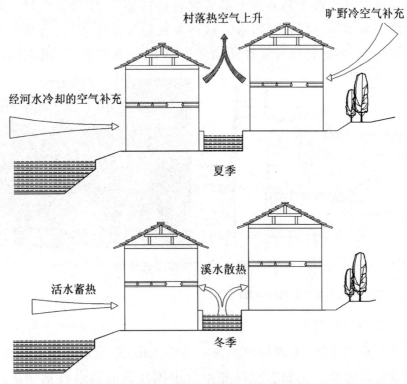

图 3-13 夏冬季节聚落气流循环示意图

图片来源:作者自绘

3.1.4　构造方式

传统与现代的做法共性都是选择了当地盛产的石板为主要材料,这种材料热阻和热隋性大,增大了围护结构对热作用的阻尼作用,降低了围护结构的内表面温度,利于保温节能。特别是以石板作瓦,在当今烧制的砖瓦可以被方便运到且成本低于石板的情况下,仍被广泛使用,除了人们的心理习惯及审美情趣外,还有一个重要的原因就是山谷中冬季风大,瓦容易吹落,稳定性远不及石板。屋顶坡度的变化是古今建房的主要区别,这是由于生产力水平的提高,谷物粮食的凉晒可以轻易的在平地解决。顶层的半层,作为仓库以存放产量不断增加的粮食,并在其山墙两侧设置通风口,兼作隔热层。利用风压和热压原理,促使隔热层内空气流动,以带走大部分的辐射热,减少传入室内的热量。

石板岩聚落民居结构为抬梁式砖石承重体系,石墙、梁、檩、椽子为主要承重构件。屋顶为双坡抬梁硬山顶,多是三架梁木构件承重,即石墙上承托三架梁,三架梁上承脊瓜柱,脊瓜柱托着脊檩(如图 3-14)。承托屋顶荷载的木构件采用榫卯结合的形式,既能统一制作装配,又能方便拆卸、维修和重复利用。在维修木构架时,采用小块木料拼合、斗接和包镶,使其发挥大料作用,以避免结构损坏,延长建筑使用寿命。这种混合承重体系没有纯粹作为艺术装饰作用的构件,更多体现了其实用功能。

1. 墙体

墙体是房屋的围护体系中最主要的组成部分,具有承重、围合以及分隔空间的作用。墙体的种类根据所选用的材料可以分为土墙、木墙、石墙以及砖墙。由于防潮的需要,大部分墙体的基础部分都做了防水处理,一般以砖、石作为基础。

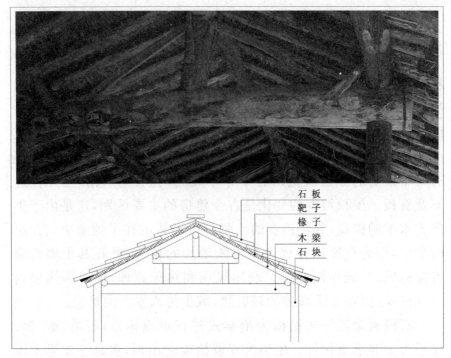

石板
靶子
椽子
木梁
石块

图 3-14 石板岩聚落民居坡屋顶构造做法及剖面图

图片来源:作者自拍摄和自绘

石板岩地区的石材资源丰富,由于其坚固抗压、不易磨损、防水防潮等特性,也被大量用于民居建筑中(如图 3-15)。根据加工程度的不同,主要用于修筑的石材有毛料石、片石、条石等,以及天然卵石。其中,由毛料石砌筑的叫毛石墙。毛料石大小不一,形状并不规则,所以石块之间存在缝隙,然而这些缝隙通常并不使用泥沙、石灰等粘结材料填补,而是以碎的、薄的石片来填塞,依靠石材天然的形状进行凹凸互补。这种不使用砂装勾缝,直接以墙体自重稳固墙体的做法也被称为干砌,它对工匠的手工和经验要求较高,也有湿砌的做法。条石墙使用的是经过打磨的石材,呈长方体,大小基本相当,由于材料本身就很规整,所以在砌筑时多为干砌,整体造型坚实规整、大气美观。由于条石的打磨加工时间很长,耗费的人力物力较多,所以一般只用于建筑的重要部位,如墙基、墙裙的位置。卵石墙多是就地取材,采用河畔的卵石修筑挡土墙、墙基、台阶等,和毛石墙的作法类似。卵石墙除了拥有和其他石墙一样坚固耐用的优点,还非常具有形式上的美感。

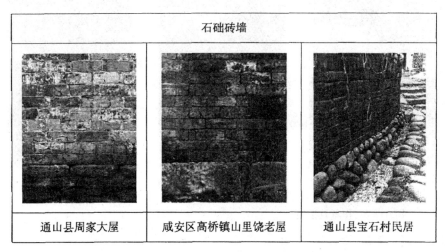

石础砖墙		
通山县周家大屋	咸安区高桥镇山里饶老屋	通山县宝石村民居

图 3-15　不同石材的石础砖墙

在石板岩地区,室内气温的高低除了与自然通风的条件有关外,与墙体、屋顶等维护结构的保温隔热措施息息有关,外墙是热传递最多的部位。石板岩聚落由于位于深山中,交通异常不便,农业不发达,一家只有几分耕地,生活十分贫困,人们经济负担重,能力有限,因此外墙材料多为取自附近山上的石头,这种材料热阻和热惰性大,增大了围护结构对热作用的阻尼作用,降低了围护结构的内表面温度,利于保温节能,经久耐用。墙体施工工序一般是这样的:①首先由石匠从村旁的山体里取石块,再把石块砍成所需的四方体。②按地基修房,地基一般有 50 cm。③先把石块一块块垒上,然后再上浆,现在的浆一般是山水泥、石灰粉混合而成的,完工后的墙体颜色因红色石头与白灰相映故多成虎皮状(如图 3-16)。

图 3-16　墙体施工工序

图片来源:作者自拍摄

2.屋顶

　　屋顶是位于建筑的上端起围护结构作用的构件,其主要特征是出檐深远,屋面坡度呈曲线,可以对木构架的屋身起保护作用。在官式建筑中,屋顶的装饰构件较多,以此反应门户的等级与财富,在鄂南民间的处理则简易的多。传统建筑的屋面构造,一般包括:面层(瓦)、结合层(坐瓦灰)、防水层、垫层、基层(望板、望砖、柴栈、華镭等),官式建筑的做法较考究,层次多一些;民间建筑及南方地区建筑根据具体条件,层次要少一些。鄂南民居屋面的做法简易,从上至下仅由小青瓦、樣板、檩条三部分组成,瓦面层与緣板之间再以石灰砂菜粘结即可。

　　屋顶是建筑构件中热传导的第二大部位,也是石板岩聚落民居中最具有地域特色的部分。屋顶坡度较缓,以石板错缝覆盖,其上可用于晾晒谷物、玉米。坡度一般介于 15—25 度之间,屋面坡度是有效防雨水和保证石板受力稳定的双重需要权衡的结果。屋面构造一般有两种做法,如图 3-17 所示:其中构筑一,可以在屋面叠合成总厚度 40 mm 左右的“石屏障”,较利于发挥石材的蓄热、隔热性能,主要的居住空间都采用这种构造;构筑二,在屋面仅形成 20 mm 厚的“石屏障”,抵御冷热的能力下降一倍,因此仅用于没有围墙的凉棚、或者接建附属用房,施工工艺简单。这两种屋顶构造,特别是构造铺设的屋顶"冬暖夏凉"效果明显。冬暖的原因在于石材是蓄热材料,能够在夜晚将白天蓄积的太阳热量缓慢的释放到房间里;夏凉的原因在于石板屋面存在很多隐蔽于石板下的缝隙,太阳辐射将阁楼下部居住房间的空气加热,热空气上升到阁楼,通过屋面空隙的通风效果将热量带走。以石板作瓦,在当今烧制的砖瓦可以被方便运到且成本低于石板的情况下,仍被广泛使用,除了人们的心理习惯及审美情趣外,还有一个重要的原因就是山谷中冬季风大,瓦的自重轻易吹落,稳定性远不及石板。

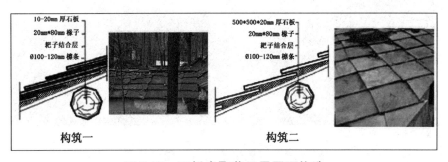

图 3-17　石板岩聚落民居屋顶构造

图片来源:作者自绘

3.古今建造方式区别

当地人们一般亲自参与及邻里互助建房。传统与现代构筑方式大体相似,略有不同。传统做法多是外墙用 500 mm 厚的石块参石灰、泥土砌筑,二层高,屋顶坡度较缓以石板错缝覆盖,其上用于晾晒谷物、玉米。内部是木梁架承重,在椽子石板之间是当地人们称为"耙子"的结合层,由编织的谷杆掺泥土混合形成,起既防止雨水渗透又能固定屋顶的石板的作用。现代建房墙体则用里砖外石掺水泥砂浆砌筑,三层高,其中三层为半层,最高处2 m 左右,屋顶仍以石板错缝覆盖,但坡度较大。屋顶坡度的变化是古今建房的主要区别,这是由于生产力水平的提高,谷物粮食的凉晒可以轻易的在平地解决。现代民宅顶层的半层,作为仓库以存放产量不断增加的粮食,并在其山墙两侧设置通风口,兼

作隔热层。利用风压和热压原理,促使隔热层内空气流动,以带走大部分的辐射热,减少传入室内的热量。(如图 3-18)

传统屋顶　　　　　　　　　　　　　传统屋顶

现代屋顶　　　　　　　　　　　　　现代屋顶

图 3-18　石板岩民宅古今屋顶区别

图片来源:作者自拍摄

3.2　利用自然资源

对自然界的依存与珍视观念,再加上对现成自然资源有限性的直观经验,使中国很早就产生了适时适度开采自然资源的生态经济意识。先秦时期思想家的著作大量谈到合理开发自然资源问题,其中《礼记·月令》、《荀子·工制》等篇较为系统地概括了这方面的思想,如"取物不尽物,用之有度"、"取物以顺时"等形象说明遵从自然界动植物的自然本性及内在规律,适量消耗资源,留给动植物资源修养生息的机会,使之既能满足生活需要,又能保证永续利用。这些生态经济思想在我国古代的经济实践中也得到广泛运用并有所发展。如秦汉时期出现的充分利用土地资源的植物复种技术,唐代形成的稻鱼共生理论并发展为后来的粮、桑、畜、渔结合传统,明代出现的利用雨水灌溉改造盐碱地的土壤净化技术等。这些技术措施有着明显的生态优化特征,对我国古代稳定的经济、社会结构的形成延续有着重要影响和贡献。石板岩聚落民居基于特定的自然环境,通过长期实践的积累,很好的利用了当地的自然资源,特别是对三大自然资源,即土地资源、水资源、地域矿产材料资源的利用上,既满足了当地居民生产、生活的需要,同时也充分注意到降低环境负荷,做到可持续发展。石板岩民居的存在与延读,与其特定的自然环境是分不开的。我们从从高家台和益伏口村的石板房里可以看出它们在利用自然资源上的一些方法特征。

3.2.1　对土地资源的高效利用

"你只能轻轻地抚摸土地"这句话是由澳大利亚建筑师 Glenn Murcutt 引述的土著居民的话,它浸注了当地本土文化对大地意味深长的敬重,蕴含着一定的生态学意义。建筑的建造,从根本上来说已经破坏了原有土地的植被和动物的生存环境,这是无法避免的。怎样在建造和使用过程中,最大限度地降低这种后果,是人们必须考虑和解决的问题。

石板岩聚落对土地资源的利用皆克守"重土轻居"的思想,聚落顺山而建,单体随山就势,利用地形,不拘一格,尽其条件。

1.充分利用地势

对于依赖田地,以农耕种植获得粮食来源的石板岩聚落居民来说,深知土地的意义。石板岩聚落民居从规划的阶段开始,就已经注意到为未来的发展留有足够的农耕土地,而多将聚落布置在土质较差的坡地上,同时聚落内巷道狭窄,建筑密集布置,住宅多建为二层,充分利用空间,以节约有限的宅基地。即使当今建房时还充分注意这一节地情结。如益伏口村乡土建筑师委来山宅(如图 3-19),建于 1983 年,属于村里新建的民居,临村前主要道路,东西布置,正面朝南,利用基地与道路的高差,底层作商铺,以服务日益兴旺的旅游业,大门通过坡道与台阶放在商铺上方,中间留空形成院落,主房则向山体退后。这样就在原本非常仓促的用地内解决了外卖(底层商铺)、休闲(中部院落)及居住(退后主房)三种功能需求,处理的非常简单实用。

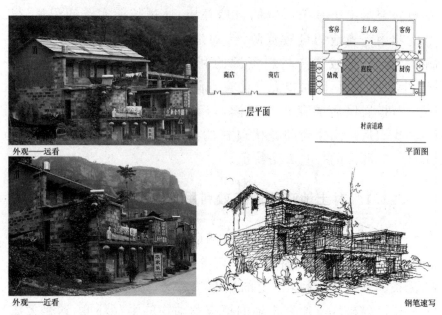

外观——远看

外观——近看

一层平面

村前道路

平面图

钢笔速写

图 3-19　当地乡土建筑师委来山住宅

图片来源:作者自拍摄和自绘

2.避免水土流失

另外石板房的墙体石基截断了山体的地表径流,加固山体避免了水土流失,增加了草籽树种停留的可能性,如高家台村旁一老宅,虽历经数年,仍完好无损,并形成了村内特定的景观资源,不同的人们在此留下不同的记忆如图 3-20。这种人为改变地表形态促进生态环境的良性发展,对于土地资源和人类发展是一种双赢的策略。

图 3-20　不同视角下的石板岩民居

图片来源:http://www.photo.pconline.com.cn

3.2.2　对水资源的综合利用

水作为人类生存的基本要素,一直是传统建筑环境中首要考虑的因素。我国的风水学说也将水放到了一个相当高的地位,认为"风水之法,得水为上,藏风次之","未看山时先看水,有山无水休寻地"。例如,高家台村在对水资源的利用上来说,尤为注意理水,背靠林虑山,南面露水河,村中又有两条山泉流过,整个聚落呈现出"活水穿村,依水而居"的意象。两条溪水供村里居民饮用,村里的雨水,污水又可经露水河带走,这就很好的解决了聚落的用水与排水问题。

在传统聚落的建设和发展中,人们对于自然环境采取尊重的态度,不随意进行改造,而在所进行的改造工程中,最多的就是对水体的改造,人们想了许多办法引水入村,使自然之水能为我所用。石板岩聚落民居位于自然生态的山水环境之中,水资源丰富,境内有露水河流过,有些村内还有山泉溪水穿过。尽管对水系的处理比较简单,所用的手法也很原始,还是满足了发展农业生产和生活用水的需要,保证了周边环境的平衡有序,长久稳定。

1.利用地势排水

前面在聚落选址的时候就提到,选择有坡度的山脚或台地建村,对于聚落组织排水是十分有利的。山南水北的聚落基址和座北朝南的传统民宅朝向,使传统民宅朝向与地势走向一致,也使得废水完全可以依靠坡度重力的作用排出村外。在这一过程中,当然还需要一系列的排水设施加以收集、输送,但是有了有利的地形,排水工程就能事半功倍。合格的排水系统必须能很顺畅地使废水流走,如果仅仅依靠重力达到排水的效果还是不够的,因为它还要有应付突然性的大量降水,并防止堵塞和渍水;避免污水渗入地下以及对抗恶劣天气的能力,这就需要依靠对排水系统的精心设计来达到。

2.引入山泉用水

石板岩高家台村背靠林虑山,南向露水河,村中又让两条山泉经改道流过,整个聚落呈现出"活水穿村,依水而居"的意象(如图 3-21),平时两条溪水提供聚落的生活用水,清洁方便。遇到突然性的大量降水,又将雨水很快排向对面位置较低的露水河。经过改道的这两条溪水,很好的解决了聚落的用水与排水问题。并且当地溪水系多来源于山泉及地下水,水温冬暖夏凉,在炎热的夏季,流动的河水由于蒸发而吸收周围环境的热量,带走大量的燥热。村前露水河又位于全村夏季进风口处,经过河水温润的凉风,降温效果更加明显。这两条随天然季节而来的冷暖渠道也是高家台村冬暖夏凉的关键因素之一。

图 3-21　穿过高家台村的两条溪水

图片来源:作者自拍摄

3.利用池塘处理废水

废水利用地势排走后,有些被排入村中挖掘的池塘中。池塘是石板岩聚落中常见的元素之一,如图 3-22 是西乡坪村中的池塘。它不仅调节用水,是各户生活用水的集中排放处,更是对污水处理的重要手段。石板岩聚落民居主要的废水来源有:浴室废水,厨房废水,院子和路上的积水,屋顶和院子里的雨水等等。由于池塘缺乏合适的食物,而且低温并有阳光照射,针对这些污水,水储存就是一种有效的水处理方式,这里对水质进行初步处理的重要环节。水中的污染物在这里会被稀释,而且各种不同质量的水也在这里混合,相互获得一种平衡。病源(会导致疾病产生的)细菌的数量会减少,在池塘种植荷花,饲养家禽,供牲畜休息觅食,都有将有机废物转化为水殖食物链养料的作用,形成一定层次的生态循环系统,这都对污水起到转化和处理的作用。经过池塘处理过的废水,基本能无害地回归到自然环境中去。这种生态的再利用和水循环方式使得这种排水系统的最终完善与有效,从而保证了聚落与环和谐的关系。石板岩聚落民居排水和水处理系统虽然简单,但结合石板岩具体地形,虽久经岁月还是运行顺畅,行之有效。

图 3-22　西乡坪村池塘

图片来源:作者自拍摄

3.2.3　对地域材料的合理利用

　　无论何种形式的建筑总得承受气候或其他自然灾害所造成的威胁,如严寒、酷热、潮湿和日晒,结构上也同样逃不开重力、风雨的作用。如何在地面上覆盖出一个生存庇护空间,通常需要一定量的材料与合理的结构相结合。在技术落后、经济水平低、交通运输困难的情况下,对于建造民宅所需的材料,人们首先是就地取材,并最大限度地发挥当地材料的物质性。

　　现存的石板岩聚落民居多是明清时期以家族为单位逐步建设起来的,其居民大多数是世世辈辈以耕种为生的农民,这些民居是地道的农宅,农宅的建设是务实的,材料都是当地盛产的材料,多就地取材。石板岩民居均以石块做墙,石板当瓦,木梁承重,谷杆与泥土形成的"耙"子作石板与梁架的结合层。主要使用的建筑材料是石板,谷杆及木材,它们均采直于当地,按其属性分别可分为天然材料、再生材料和回收材料。由于当地石材质地均匀,具有抗压强度高的物理性能和结构稳定性,且来源充足,故被大量使用。"耙"子的主要成分为谷杆,在当地是随季节性种植的谷子收割晾干后经编织而成的,可再生,在建房中也被适量应用。而木材在当地虽不缺乏,但能达到建房承重要求的却较少,故在建房时对拆除旧房后的檩条,木梁经过翻新后还用于新房建设,这是一种对稀缺性材料的回收循环利用。由此可见,石板岩人民在对民居材料运用上充分体现了其选择的智慧。

1. 石材

石板岩地区石材储量丰富,质地均匀,具有抗压强度高的物理性能和结构稳定性,且开采方便。因此,石材成为建筑的主要材料,是当地民居的主要用材。其中,较为普遍的石材类型有青石和红色页岩。传统的开采为方石和石板,成为建造墙体和屋面的主要材料。

石谷囤、石梯、石柱、石磨、石碾、石臼、石盘、石水缸在这里较为常见。石板岩聚落民居中应用石材的部位有:墙基、墙身、屋顶、台阶及水利设施等。石材坚固耐久,石材做墙基石相对土坯墙、砖墙而言不易返潮而被破坏,用石材做基石可以隔去潮气,延长房屋的寿命。由泥土、石灰粘结,乱石砌筑的石墙既是承重结构又是维护结构。石板作瓦既防水,又因自身的热惰性而不易晒透。

由此可见,石材在当地山民生活中扮演着重要角色。豫北山地房屋不仅屋身为石材,连屋顶也是用石板覆盖搭建而成。当地开采石材,多在成材率较高的山丘上,岩层厚度极薄,按规格划线凿槽之后,用撬棒一次同时可以取出几块。根据红色石材性质的不同,石板揭的尺寸大小也有所不同,在石板岩,揭石板的尺寸通常可达到 3 000 mm 长×1 000 mm 宽×50 mm 厚,最长的石板可以达到 6 000 mm 长(如图 3-23)。从这个区域里的石材揭出来的石板盖起的屋面整齐,而且相对屋面自重也较小。与此相反的,房屋面的石板相对较小且形状不规则,形成一种特殊的屋面"鱼鳞状屋面"。鱼鳞状屋面用较大石板搭接,自身重量较重,其中较为有特点的是石板岩镇漏子头村。

采石材工具　　　　　　开采好的石材

图 3-23　开采的石材及采石工具

图片来源：作者自拍摄

石板岩民居建筑的层高比较高，双坡悬山顶，木屋架。正屋二楼多设有阁楼，用于储藏，一楼用于日常起居及休息功能，冬天厨房也设在室内。山上民居的建筑材料多选用当地生产的青石、红色页岩、生土等建造。这些材料的导热系数小，是很好的节能材料，对于营造舒适的室内环境起到了很好的作用。墙体的厚度一般为 500 mm 左右，冬暖夏凉。

2. 木材

木材是中国传统建筑中最广泛使用的建筑材料，除了古代林木资源丰富，建筑就地取材的原因之外，木材长期被作为建筑主材也与木材本身特性有关。木材作为建筑材料有诸多优点，容易获得、质轻，易加工，规矩统一，建造灵活；形式多样，抗震性好，适应性强；而抗弯、抗拉强度相对较高；木材易于手工加工，容易进行预制组装；又可因地制宜，就地取材。但木材本身也存在着天然的弱点：主要是易腐，易蛀和易燃。木材的供应一方面依靠砍伐天然森林，一方面依靠民间的种植，特别是一般性大量建造的民居无需巨木，一般门前屋后自己栽种的树木就可以满足要求。木材的生长周期和木结构建筑的使用周期相当，理论上来说只要种植和砍伐保持平衡，木材就是一种用之不竭的可持续性材料。

这一点在当代北欧一些国家如挪威的实践中得到了证明,这些国家的木材通过控制砍伐和人工种植取得了良好的动态平衡,木材成为重要的出口资源和广泛使用的可持续绿色建材。

石板岩聚落民居中用的梁、檩条、椽子都来源与木材,但多是从外地买来的,主要是由于当地山中树木不壮,达不到承重要求。所以当地人们在建房时对拆除旧房后的木梁、檩条、椽子经过翻新后还用于新房建设,这是对稀缺性资源的一种回收循环利用。

3. 稻草

传统建筑中用的草主要是茅草、芦苇、稻草和麦秸等,主要用来铺屋面。在瓦发明之前,草是主要的屋面材料,上至宫殿下至普通民居都用草铺屋面。瓦出现后并没有完全取代草,因为草比瓦更经济,一般不富裕的老百姓家盖房主要还是以草为主。草作为建筑材料其优势在于容易获得,经济性好,重量轻,容易加工和建造,无毒无害,容易分解循环;缺点也非常明显:强度不够高,怕潮湿,耐久性不好,但是草作为一种特别廉价的临时性建筑材料,还是得到了非常广泛的应用。

石板岩聚落民居屋面中,在椽子和石板之间是被当地人称为"耙子"的结合层,就是由编织的谷杆惨泥土混合而成的,起既防止雨水渗透又起固定屋顶石板的作用,耙子这种材料防水,保温隔热和耐久性均良好,编织一次耙子可以使用一二十年之久。同时用荆条也可编织成活动的窗帘,用以挡风遮阳,如图 3-24。从而使稻草成为当地民居中广泛使用的一种再生材料。

建筑材料的合理利用表现在对材料的适当利用和物尽其用。在住宅的建造中,对于材料的选择和综合利用显然是遵循了《考工记》的这段话:"天有时,地有气,材有美,工有巧,合此四者,然后可以为良。"石板岩聚落民居利用当地资源作为建材,免除了远距离运输的烦恼,相应地减少了能源消耗。将石材、木材、谷杆等材料结合使用,对其综合利用,既提高了材料的利用率,又使石板岩聚落民居长久并完好的保存下来,并至今能保证居住者的生活质量。由此可见,石板岩人民在对民居材料运用上充分体现了其选择的智慧。

图 3-24　帘子在石板岩聚落民居中的应用

图片来源：作者自拍摄

3.3　实例分析

环境从狭义上是指某一区域内地表形态、气候、水文、植被、动物群落等具体物质要素所整合的系统，建筑设计是依附这一环境系统的资源整合和主动应对过程。在设计过程中重视地域的资源利用和环境应对将极大提升建筑的价值和影响力。石板岩地区人民经过多年的经验积累，基于当地特定的地理资源及气候条件，不用人工调温设备，创造出了舒适的生活环境，尤其在利用自然资源，环境应对上效果明显，经验丰富。石板岩乡民居尤为古朴，风情幽然，聚落基本上是同姓同族聚居。高家台和益伏口村就是其中两个典型聚落。尽管石板岩民居在利用自然资源和应对环境中形式多样，我们以益伏口这个典型聚落为例进行分析。

3.3.1　益伏口村

益伏口座落于石板岩乡集镇向北约 2 km，青山绿水，自然环境优美。村内有石板房约 50 多幢,是这一带较大的聚落。村子北倚陡峭的后山,前面有开阔的农田,村南以一条苍溪为界,溪水流入露水河。与高家台相似,益伏口聚落布局也是依山层叠而上,沿山坡大致分四个层面。有的一字排开,有的围合成院,其中合院主要集中在第二、三层面上,虽排布密集,看似拥挤,但由于前后高差较大,错落有致,各户互不遮挡阳光,通风亦佳。

3.3.2　共同规律

通过益伏口这个典型聚落的分析,发现当地聚落遵循一些共同规律,可以总结为以下两点:

(1)资源要素的整合利用

例如:高家台村在对选址用地最大化利用的过程中,更是吸收了当地最充足的矿产资源——红石板岩,使其转化为当地民居的主要用材,同时,也把聚落周边的山景、水景、地形、植物、水系有机融为一体,最终形成了风格独特,巧妙运用地方材料的"智慧建筑",极具地域特色。从资源利用的角度看,当地聚落营建的过程即是挖掘、整合、重组聚落资源,使其在聚落区域范围内价值最大化的过程。整合性是指一个聚落或场地具有多种自然资源,每种资源对聚落的发展起不同的作用,但并不意味着每一种资源都对聚落的发展起导向作用,往往是几种资源通过整合对聚落发展进行导向。将自然资源各要素整合设计,不但是坚持可持续发展的基本要求,也赋予了建筑及群体之间更强的表现力。

(2)自然环境的主动应对

石板岩乡民居聚落的各构成因子在发展过程中不仅仅是消极被动的改良,更是一个积极主动的创造过程。无论高家台还是益伏口村,它们在选址、朝向、平面布局、空间组合、材料选择上均体现了这种对环境的自身应对。如选址运用风水理念,注重自然环境与人造环境各要素之间的相互关系,以"山环水抱生气"的地方最为理想;平面布局中注重庭院效应,以改善居住小环境;空间组合中侧重群体优化效应,形成良好的巷道通风优势;材料选择上既得保温节能,又富有地域特色,就地开采的石板岩使建筑与基地之间产生联系,具有生长的意象。可见,石板岩乡人民在营建自己居住模式的同时,也是对环境做出反应,取长补短,不断创造的过程。石板岩民居综合利用资源和应对当地环境,达到生产、生活、生态的高度统一,形成了良好的生态系统。其中有些或许是惯用的经验做法,我们都习以为常,不以为然。但是仔细分析,这种把资源、环境有机地纳入到规划设计中的做法很值得我们认真反思和学习。设计结合资源、应对环境,有助于我们走出对民居"继承和发展"的误区,在文脉的传承方面,不再过多纠缠于"手法、主义";在设计方面,找到一个更行之有效的切入点。我们要认识到建筑设计不仅是实体形态的设计,更是对资源的整合,环境的应对,是对建筑本体的回归。

3.4 本章小结

本章通过对石板岩聚落民居应对自然环境和利用自然资源两个层面的归纳与分析,概述了石板岩聚落民居在聚落选址、平面布局、空间组织及构造方式等方面对自然环境的具体应对措施和对土地资源、水资源和材料资源等三大自然资源的实际利用方式,是我硕士阶段对中国传统民居生态性研究和思考的一个总结,其中既包含了平时收集资料的归纳,也穿插了很多自己思考的方法,内容涉及民居的几个层面,在对研究的载体——石板岩聚落民居的调研中,也是从这些方面着手进行观察和研究的,是我对石板岩聚落民居调研的理论支持和方向指导。

石板岩聚落居民经过多年的实践总结,通过巧妙构思的建造技术和构造方法,充分的利用了当地自然资源,很好的应对了当地自然环境,在有限的物质和技术条件下解决了居住、环境、资源的协调问题,有效缓解了当地外部气候环境对室内的影响,营造了一个更稳定、舒适的小气候居住环境。

第 4 章　传统聚落的景观特征

自古以来,为了创造良好的聚居环境,传统聚落通常把风水礼仪、图像忌讳、结构组成、材料组成、生活施工需要结合在一起,把聚居条件实行深度改善。这体现了"天人合一"环境观的基本思想,也充分体现了自然和人相处和交往融恰的生活观念。同时这也是古老聚落营造的环境有所发展的很重要原因。传统聚落社会的另一个特点是理念价值的共同享用。因为聚落所处的地区很小,通讯落后,交通落后,人们的交流往往在聚落内部,和外界交往比较少,因此聚落里人们的生活因为彼此之间的影响也差不多相同,同时乡民们对各种各样事情的大体看法很是相近。所以同一个聚落的人们容易形成相同的形式特性和文化品味,从而形成其聚落景观的独特性。

4.1　传统聚落的环境意象

作为探究空间形象的概念"意象"一词,在美国知名城市规划学家凯文·林奇所著《城市的意象》(The Image of the City)这本书中第一次看到,作者第一次提出从感觉形式出发探究空间城市特性的方法,提出城市形象的"可印象性"、城市形象的"可识别性"概念。这本书把城市"意象"解释为:对城市大众市民来说,一个城市应具有醒目的感觉形象和鲜明的标志特征,一种具有记忆空间的活生生的心理形象。我们可以用意象的概念来分析传统聚落环境,以揭示其特有的空间形象。一定地域人群所建造的聚落文化的空间意象在一个古聚落景观的空间形象中呈现,这种独特的聚落形象体现了一定地域人群的思想文化。传统聚落环境更多的表现为因为人的生活和运动从而创新出来的,是人们在接触自然环境中所形成的人的文化环境,因此探究古代人们生存的环境就在文化影响人们生存的位置、形态、建筑和其他事物类似中展现,总是依照自然的普遍准则,与周围的环境、周围人和其他事物组成系统而并存。事物间的互相联系形成了系统,小系统间或局部系统的联系又形成了庞大的系统。就是此种由小系统和局部系统,在与建筑环境发生联系时生成的大系统产生了传统聚落的形态。在组成的建筑系统中,核心是人,建筑和聚落环境是环境和人相互联系的中间环节,也是组成人造环境的一部分。在人——聚落——建筑环境的联系中,我们人类对建筑环境给予了新的定义,建筑群体形态的基本组成因素是人编定和遵守的社会文化,审美观念和生活形式。

4.1.1 聚落环境的界域性与中心性

聚落是人们经过长时间建立起来的,很多东西都是有规律的。某些建立秩序是针对环境自然的认识。比如所朝的方向,因为我们中国的地理坐落于北半球,所以为了向阳,大多聚落建筑选择东南方向,并且聚落的位置要顺应山山水水。但是很多规律的产生都是因为人们的需要。它们中间,很显眼的是地界中心。

1. 聚落环境的界域性

在传统聚落中生活的人类主要重视的是自身住所的完整性,并不十分关心住宅以外的空间,因此传统聚落环境的区域、形状多出于想不到而体现出不规则形态。但是由于自然环境和传统聚落的密切联系,人工物质集中的地方是聚落,和自然它们两者的中间会形成显眼的局限,但是聚落中生存的人们通常很重视此种聚落的界限。

因为风水思想的影响,所以一直在重视界域。在风水理论中,最为重要的是"气",应当使"气"聚合但不散开,随着人的行为思想面停止和开始,周围有山和水区域作为界限是我们人类最想要的聚落环境,水流出的地方叫做"水口",是联系聚落内部和外部的重要道路。即便这种自然界限并不完整,也就是风水不太使人满意,我们人类也会在顺合自然的同时进行人为的改变,使它接近于我们人类满意的风水。比如挖池塘和开湖泊,种植树木和堆成山以建造比较好的聚落环境,与此同时也使聚落的界限更为明显。虽然很多的传统聚落并没有山水的环绕作为切合实质性的防护,但这些聚落也会把村子入口的风水桥和风水树木等作为界限,这使人类的心理上得到了保护的精神需要。凯文·林奇认为,"标志物"也是城市意象的一种组成部分,标志物是从很大一堆比较有可能的元素中精心选出来的,所以它重要的物质特征在有些方面具备唯一性和单一性,或者在整个环境中让人难以忘怀。风水树木正巧是此种标志物,它着重强调的界域性加强了居民间的互相赞同和团结,使得人类对传统聚落环境有归属感和领域感,产生了互助友爱的社会联系。但是宗教意使生活的人类确信在界域确定他们可以得到神灵的保护,不会生病,村里的人们互帮互助,生活的快快乐乐。或许风水和宗教都存在迷信,但是无论怎么样都使人们生活的美好。在同一个聚落之间生活的人们相互来往,相互交往,存在的关系融洽亲密,就像生活在一个很大的家园里。与此同时,存在的界域使传统聚落环境更具有场地性,使传统聚落环境从它的外部环境中区分出来,形成人类所能掌控的领域,从而使人们产生了安全感。

2. 聚落环境的中心性

古老社会的聚落形态可以让我们再度回味一下。一座规模比较大的氏族公社公共大房子坐落在西安半坡遗址的聚落中间部位,围绕它的四十六个小房屋都是朝着此房呈现放射状。由于财产继承关系和私有制的出现,依据宗族关系聚居的形式和血缘的这种类型也得到了进一步发展。在人们生活的聚落中,同时把宗祠作为重要的中心的节点式的共同生存活动的场所相继出现。特别是很悠久的大聚落,这种形式更加多也更突出。

因为在聚落的中间部位有很强的定位作用,所以聚落环境更容易让人认识出来。但是更加重要的是,以聚落为主,使人们满心欢喜,心理得到了很大的慰藉。依据诺伯格·舒尔茨的看法,正是有了人们心理的不稳定因素,所以这种聚落让人们心理得到安全感。如果没有了聚落,人们就会混乱不堪;正是有了聚落,人们才有秩序地生活和生存。与此同时聚落让人们能聚到一块交往,并且聚落成员之间的团结也得到了进一步的增加。

4.1.2　聚落环境的类比意象

因为传统聚落的地域很具有局限性,所以他们对世界和宇宙的了解很不成熟也不科学。由于宇宙的宏伟和自然现象的神秘莫测,所以他们诚惶诚恐地认为万物都是有灵性的。也因此,我们古老人民使用和对自然界做出最好的理解是类比。其中一个例子,在彝族很多的创造世界的古老神话中,从水灾中逃难出来的兄妹生殖了我们人类。这个神话中,人类母体和宇宙混沌的双重隐喻都涵概在葫芦中,然而真实情况,彝民自身母体的类比是葫芦。虽然思维方式明显不是理性和逻辑的,而是对先前逻辑的一种直接感应上的把握,并且它看上去既简单又幼稚,然而相对比较圆满地解释答复了这个问题。

在聚落的发展过程和选择地界布局中,"类比"占据的作用非常重要。例如中国比较早的古代城市,当时人们对空间宇宙的认识和它的纵横轴线的布局紧密联系在一起,换句话来说,也就是把它们可作为人们空间宇宙认识形式的类比物。如果从聚落布局很早的起源开始回忆,我们也可以从它们中认识到祖先们对宇宙认识模式的类比:当组成一个完整整体时,不论是建筑群体还是山山水水,一定存在有围合关联,当有围合时,这才会体现出格局,然而围合一定要有中心,因为有了中心才会有"聚",也正因为有了"聚"才有产生居址。它是即直觉,又显得朴素生动。在中国古代,聚落环境的形成常和风水有所关联,就像风水中经常说的"寻龙捉脉"就蕴含有这种类比思维的特性。它通常经过"寻龙、察水、觅砂、点穴",在人类心理上达到了自然环境和人居的统一和谐,并且为人类定居运动活动寻找到技术依据。

4.1.3 传统聚落环境的风水特征

传统聚落的演变过程和形态变化,改变和延续着所在地区的风土特性,也就是环境和人很长时间互相作用下所产生的其人文历史空间和地脉组成。

1.地脉构成

所说的"地脉"并不是很简单直接指聚落环境的地形、气候条件和地貌,而指的是在这些条件的约束下,聚落自身在环境的融和下,它们二者共同形成相辅相成的合理合情、水乳交融、物我相生的结构联系和环境特性。例如结合山的地势、顺应道路的系统,水系的道路系统的房屋组群肌理、布局、所朝方向和尺寸,和所具有心理暗示作用和象征意味的风水讲究。

2.心理意象

心理意象指的是人心理上呈现出来的环境图像。很大程度上地缘和血缘的联系在传统聚落演进和形成中决定了聚落成员的聚落意境和心理环境认识的产生。如果想要本质性地理解聚落人文环境,就一定要了解聚落主体的心理环境认知模式和主位意识才能融合到环境,感受和理解环境,而不是仅仅站在环境的外面看环境。

3.地域特征

地域性文化特性的发展过程和产生过程与当地的环境自然是紧密联系在一起不可分开的,是本地居住的人民经过长时间适应、斗争、改造当地自然环境的的过程中逐步产生的。地域性环境特性在产生相对应的地区性本土技术的同时,也成就地区性建筑文化特征。从而显现了南方建筑的轻盈和北方建筑的厚重,同时也展现了地域性特性的多元化。例如干热和湿热地区建筑与严寒地区建筑的巨大区别,山区的建筑和平原地区建筑的明显比较等等。而即便是在相同的地区,比如中国的黄土高原地区,也同样因为地貌的变化和经纬度的区别所以相对应的建造技术仍然有所不一样。所有形态的产生都与当地的传统建筑环境监控技能密切相关。

4.2 传统聚落环境空间结构

每种学科领域探究"空间"一起运用的基本思维方式和认知、分析物质和精神的内在系统指的是"空间结构理论"。不相同的科学领域针对"空间"和"结构"有着不相同意义的理论目标和不相同的理解。将空间作为人类活动和生活体系的核心也就是指在人类居住生活区域中的"空间观",它的发展和形成显示人对自然的认识和赞同及在自然中的位置;显示人类的智慧创新和认知能力;显示经济、科技、文化之间发展的相互关系和社会群体的有效力量。人类生活和运动的环境体系、不同种类空间相互之间的内在机制和空间形态间理性的组织形式是聚落环境空间结构。精神文化形态和自然生态、人工物质形式组成了人类的居住环境空间结构形态。在组成聚落环境空间中、将三种形态按它们在的机制综合构建,形成有机的环境整体作为传统的"整体观念"。

4.2.1 传统聚落环境空间结构形态

多种元素构成了传统聚落环境,总共概括起来由社会环境和物质环境两方面组成。物质环境由人工建造的环境和自然环境两部分组成,聚落中的人们之间的生活和运动指的是社会环境。

1. 以自然环境为载体

由水流、山峰、耕地、生存气候、地质、生物等元素组成了古老人们生存的环境自然。我们古老民族一直重视的"天人合一",说的是我们人类要适应自然的发展,并且以为"人之居处,宜以大地山河为主"。古老哲学"因借自然与自然相和谐"是我们古老民族最宜生存的环境。

　　总结,发现很多都是依着山峰环绕着水流,靠近有水的地方,周围自然环境非常漂亮,这是传统聚落的空间环境和中国古代聚落遗址的极大特征。探究它的原因:其中一方面是为了我们人类生存更加方便,很主要是"天人合一"、"天人感应"等这些古老人们思想的熏陶,以为哺育我们的大地是一个很好的整体,其中组成自然环境的要素是我们人类,我们人类必须与大自然相辅相成,并且与大自然相互生存。因此我们人类很重视建村地理位置。第一个应该思考的是与自然相迎合,也应该"山水为血脉,以草木为毛发,以烟云为神采",通常是依着山峰围绕着水流,绿树比较多的地方,把它建造成适宜人类生存优美的环境。

　　组成传统聚落主要一部分是我们人类生存的自然环境,同时它也是聚落的重要展现。比如,皖南徽州的古代小村子经常因为山水秀美而被人称为奇观:或者背对着山峰紧靠着流水,或者枕着山峰面对着泉水,并且找开窗户能看见山峰,户外面是泉水,从而出现了"向晚盈轩翠,黔水含春傍槛流"黄山的美丽景色。

　　以传统聚落形式中的自然环境元素和形态特性形成审美观点。它与居民产生的环境相互对比,受人们影响比较小,主要是体现自然最初的东西。如果要成为人们喜欢的对象,自然中的东西必须要与人们有联系。然而在人类古老的聚落中,通过人工形成的东西和天然形成的东西相比较,自然和人工组合成的景色更重要。所以,在传统聚落形式中的自然环境组成元素的合理利用和积极防护中、在生活中让我们更加注重的是积极地对事物进行保护和保存。组成聚落的元素如图 4-1 所示。

　　山峰土地组成了我们的自然环境,人类想要生活,离不开飞禽鸟兽、山川河流及矿物质等自然界原本存在的东西。我们祖先热受自然,与自然和平相处,并充分利用自然资源,把自然作为人类最好的居住地方。古代人们居住的环境多以"人之居处,宜以大地山河为生"(《据阳宅十书》)。充分利用自然中的资源,并保护大自然的一切,使大自然更好地为人类服务。所以,想要使环境更好,就要学会适应大自然、依山傍水,保护土地治理水资源、依据材料施工、培养植物充分珍惜剩下的土地资源等原则,使大自然更具有活力。人们经常利用岗地、坎地、谷地等坡地的这种地理优势,精巧地运用地势分散开布局,组织开放自由的环境生活空间:在山地多依靠着山势创建高高低低比较错落的比较多层次的竖向环境空间,使自然通风、日照、采光、观景阳台和密度很大的地方得到很大的潜能发挥;在黄土高原的地方,很多时候利用黄土强大的壁立性、挖洞,建成窑洞作为自己生活的地方;但是在平原地带很多时候利用相对聚集的内部空间,用来方便平原生活方式和节约土地使用面积;在水多的地带经常用"河澳"为建造住宅根据地,以"顺流"创建住宅而避免水带来的灾害或者顺着水流营造出适宜人们生活的空间。中国不同地方的人们利用自己的智慧,创建出了情景交会、有山有水的良好生活环境。

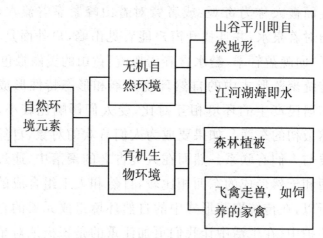

图 4-1 自然环境元素的组成

图片来源:作者自绘

2.以人工物质形态为主体

传统的人类生存环境的景观和普通存在的景色主要区别是存在极多人们故意制造的景观,所以通过人们制造出来的景色对古代的环境起的作用是极大的。生存的地方、环境、人们生存的地方和设施这几个方面组成了聚落的人工环境(如图 4-2)。

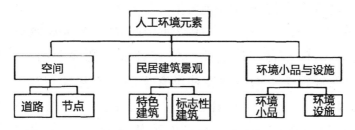

图 4-2　人工环境元素组成

在我们人类居住的地方中,给人们提供生活、运动等的地方是物质空间。河山、住宅、广场、耕地、道路等很多部分组合在一起。在建造传统聚落物质空间中,我们祖先一直奉行"天人合一"的思想、极其重视自然的发展规律,并且以重视我们能喝的水资源、保护森林、精巧利用自然能源的原则,以人的心理特性、古代的文化经济基础和行为特征为依据,按使用土地区分、以功能使用分区、住宅用地与耕种用地、人行路的规划、空间结合在一起的利用等有机地联系在一起,经过长时间的创新和建造,创造出了多种多样的生存空间。

3. 以精神文化形态为灵魂

在我们古老的生存环境中,把人的内心想法得到自然的赞同做为追求目标,建成"山水相映"、"景情交融"、"祈福免灾"很有灵动活力的生存环境,用来满足人类的灵魂、智慧、情感属性的真实需求,逐步形成聚落环境特有的精神文化灵魂。

在不相同程度上,城市人们居住空间的环境组成和传统聚落这些所有都受到社会因素、自然环境的影响。人既具备有依靠自然生存的"自然属性",并且也有社会群体中生活的"社会、文化属性"。由"人与人"和"人与自然"的生活和运动体系有机组合在一起,所以形成了人聚居生存活动的很重要的地方。聚落环境不仅具有人类生存必要的物质功能,也使人的理想得到了满足,并且也具备有使人满意的文化行为、心所向往的、人格行为一定需要的精神文化功能。所以我们人类不但需要非常好的生存物质环境,并且还需要非常富有的心理文化精神环境。

（1）富有山水情怀的精神文化

尽管承受自然地理位置环境的影响传统聚落环境展视出不相同的形式,但精神环境文化组成却有着非常强烈的相同性,从精神、自然等每个方面组建纯朴没有华丽的文化精神和具有我们人类情感的环境魅力。随着农业经济为主要因素的农耕社会的产生和发展,我国人民纯洁高尚的民族文化心理活动也逐渐地形成了。在建造传统聚落过程中,不仅把漂亮的山水自然景象作为"天道"的象征,而且也把大地山河作为我们人类一定需要的物质条件。把美丽的自然山山水水景色意境和审美观点组成生态自然文化,把人的善、真、美的良好德行融入到大自然的山山水水当中,用大自然的美好来培养人的良好德行,使人的一生受到启迪。

（2）崇尚伦理道德的精神文化

在传统哲学思想的影响下,传统聚落的精神文化运用文化礼乐使人的性情得到舒畅,也逐渐形成了把"仁、义、礼、智、信"等道德伦理思想作为人生的追求。中国文化生活社会精神环境的形成受到它非常大的影响,它也是构成传统聚落文化环境形式的动力和精神支柱。此种利用古代礼乐精神使人的精神文明得到培养和提高,利用良好的道德伦理来使人得到教化,在聚落环境中具备有很强大的感染力。它使得人们有着相同的道德伦理基础并相互往来,使人们交往的心理距离更加贴近。

（3）重视血缘亲情的家族精神

在中国自古以来的传统社会,是以血缘和婚姻存在的关系组成了很好的家庭,并且逐步组建成了一个大的家族。把血缘宗族作为主要因素,聚族而居的聚落环境组建人和社会,人和人的一个大整体关系。由于我们人类的祖先是相同的,所以我们人类遵守的道德价值观和生活习俗等等也是相同的。与此同时我们祖先深受儒家思想的影响,所以我们人类思想精神的中心是宗教中长时间形成的文化,人们把它作为组建情感聚积的家族精神的基础。我们祖先非常注重宗教思想和家族观念,所以最终形成了家族祠堂,这些家族的礼仪活动也使宗教中的每个人都互帮互助,生活和谐,形成了"休戚相关、荣辱与共"的聚落思想。在这种思想的影响下,聚落中的人们互帮互助,生活非常美好。

4.2.2 传统聚落环境空间结构特征

聚落组成、空间形态结合的结构关系和多种多样运动活动指我们生存的空间,我国古老生存的空间充分体现了心态和物质环境结合在一起、人工和自然的相组合的环境。

古老生存地方重点展现了中华古老民族的重要部分,它就是整体思想,主要是把自然环境,人和社会、人的行为等各种各样组合在一起,建成人和自然相互共处的生存环境。这是古老生存环境最主要的地方。在人类选择住的地方,土地使用、所分地区的安排,选择地址上把"尊重自然"、"顺应自然"、"因地制宜"作为非常重要的思想,用来把自然的力量充分发挥出来,土地使用量、特征和强度是在以人生存活动的多种功能需求上合理确定的。

1.环境空间结构可变的灵活性

随社会时代、科技经济条件和人口数量发展的迅速变化,传统聚落环境空间的发展和形成也逐步完善。它的空间结构特点让人们利用起来非常方便。每个人类居住环境的建立都凝聚了很多代人的心血。在组建聚落时,人们很注重中心,通常人们会聚积在一起,形成一个整体;由于地形的不同,把地势作为考虑因素来设立人们行走的道路,组建成可变化又可以延长伸缩的道路体系等,使传统聚落环境具有很强大的活力。

2.环境空间结构的多样性

传统聚落环境空间结构把创造出各种各样的景观作为重点。拥有喜欢大地山河的心胸,从各种各样的角度分析问题形成具有纪念性建筑景观和多姿多彩的大自然景观,以人工和自然相互结合在一起的方式创造出有文化气息的优美景色。这使得聚落空间成为非常具有人的灵性的居住环境。创立建造传统聚落环境空间的主要物体是环境空间结构。尽管传统聚落是在没有建筑师、规划师的民众的基础上创新建造起来的,但它的规划的原则理念非常重要,在我们古老悠久的五千年历史文化中,在我国中华大地分布非常广阔、类型极多、数量最大的民族民间文化是特有的传统聚落文化。它在民间的本土存在的文化的中间深深扎根。尽管深深地受到地理环境、科学技术和封建社会的制约,传统聚落文化存在有落后封闭,很不适合现代化生活发展进步的一方面,但是它也极纯朴地展现了哲学思想作为指向思想的环境规划建设的概念和古人创新建造出人和社会、人和自然与人相互和谐的居家田园环境的实践经验、理想和智慧。

4.3　石板岩聚落的景观特征

4.3.1　石板岩聚落的自然景观

1.山环水抱的聚居形态

"宅者,阴阳之枢纽,人伦之楷模。"在山上生存人们居住的地方选择住址很多时候遵循生存逻辑和纯朴的生态原则,充分利用大自然本身地理形势,随着山坡就势,依着山峰围绕着水资源,逐渐形成比较封闭的地域作为人类的居住环境。水资源、山峰、田地成为在山上居住的人民建立自己家乡时选择住址的非常重要的约束因素。从这方面可以得到,考虑聚落及其周围的自然环境的相互关联是最初山地聚落选择住的地方的主要因素。

在太行山的小山脉间,座落在河南中,林县围绕着山建立,前有河流流过,依着山峰围绕着流水,高高低低相互错落,成为了具有不相同层次空间的聚落形式。依据比较传统的风水理念,这就是"山环水抱"的让人类满意的聚居环境模式(如图4-3)。

图 4-3   石板岩聚落民居的聚居环境模式

图片来源:作者自拍摄

2.聚落规划与环境和谐共存

山腰台地聚落和山顶聚落两部分组成了石板岩民居。很多聚落位于山腰台地上,因为山的顶部离水源很远,道路很陡峭不好走,所以很少一部分聚落居住在山的顶部(如图 4-4、4-5)。

石板岩镇的高家台聚落座落于太行山的山脉,用来播种的土地非常少。所以山地聚落多建造在它开始的地方,极其充分考虑了农业生产的需要和自然地貌地质特征,在半山腰处建立村庄,并且较多使用山脚下比较平坦完整的土地种植其他经济作物和农作物。比较多的建筑和聚落和山体巧妙地结合在一起,环绕在绿色的山中树林的中间,形成了具有特色的聚落形式。

图 4-4   山下聚落形态

图 4-5　山上聚落形态

图片来源:作者自拍摄

　　另一方面,村民们在他们房前房后都种植了生存作物,来让他们不用与外界交往都能生存(如图 4-6),比如花花草草、稻谷、苹果等等。植物和房屋聚合在一起,不仅使人们的生活得到了满足,也使人们生存的家园得到了绿化,也充分体现了古代人民对生存环境追求古朴的思想。

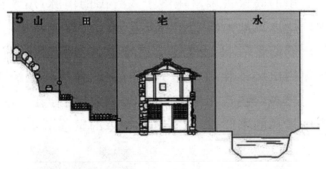

图 4-6　农作物播种剖面示意图

4.3.2　自然天成的民居营造

　　座落于太行山的北面的河南林县,位于河南、河北和山西我们所知道的三个省的附近。它属于半湿润温暖大陆性季风气候区,并且属于夏天热冬天冷的气候。冬天以西北风为主,夏天主要以东南风为主。多种多样的石材资源(青石和红色页岩)、很不同的自然环境和地理背景、成为了豫北山区生活所必须的石板房。板石板房和以鱼鳞为主要形状的石板房这两种板房形式组成了碣石板的形状的石板房(如图 4-7、4-8)。

图 4-7　石板岩镇大水掌板状石板房

图片来源:作者自拍摄

图 4-8　石板岩镇漏子头鱼鳞状石板房

图片来源:作者自拍摄

石板岩生活居住的人民很多把自己居住的院子作为很重要的部位,很多时候都把四合院作为主要部位,有的居民把他们的居住的院子聚合一块,因为是根据山地形势,所以并不把规规整整的院子当成局限的条件;并且因为建筑的四面被山围绕,周围的院落不把南北朝向作为局限因素,而是一个家的主人请风水大师根据风水原理并结合山的形势来组建院落(如图 4-9)。

图 4-9 高家台村院落总平面图及照片

图片来源:作者自绘和自拍摄

4.3.3 独特的山地聚落景观特征

提供给我们人类非常多的生存必需的能源是人们生活的自然环境。然而我们生存的地球并不是源源不断地给我们提供我们所需的。资源又可分为非更新和可更新这两种类型。比如林木、空气等可更新资源,具备有可再生能力;但比如煤碳、水资源等人们生活所必须的能源是为非再生资源。如果想让我们能够长期生存在地球上,我们必须要保护好这些非再生资源。其中一方面把非再生资源得到人们充分使用,另一方面应循环利用和有节制利用不可再生资源,使它的效益得到充分发挥。

在环境资源使用方面,我们祖先经过长时间的积累和总结,得到了很多有用的经验。主要是对山水、自然存在的东西、绿化环境方面的利用。

1.绿化:与建筑相互掩映

乡间景观最主要的特征通常是聚落绿化。但是居民们种植花草树木更是给人们的生活带来很多实惠和方便。第一方面,使人们的居住环境得到了改善,创造出了很多处独立存在的小气候空间。比如在新疆土生土长的居民,因为产生的雨量很少,气候又干燥湿热,因此人们在居所处种植了很多葡萄树。葡萄的枝叶攀藤相互交错在一起,在葡萄下面清凉湿润,是手工作业、日常起居

活动、纳凉和谈天非常好的场地。第二方面,使树木林木资源得
到充分补充,并且使土地质量得到了改善,使太阳能源得到了固
化,并且使生态循环得以了充分发展,使生存空气得到充分净化。
第三方面,使人们的收入得到了增加。古人们所说的"房前屋后,种
瓜种豆"一方面也说明无论任何绿色植物都具有周期性,另一方面
也说明它给人们带来了经济收入。"方宅十余亩,草屋八九间,榆柳
荫后檐,桃李罗堂前"从古至今都是我们人类最理想的居住环境。

　　在豫北峡谷地区存在的主要经济树木有:山楂、花椒、梨树、
核桃、毛栗子、苹果树、毛桃树、杏等。每户住的周围都被树木环
绕,道路的两旁也种植了很多树木,各家各户相互围绕的墙上也
种满了植物,种植的树木中多选用经济树种(花椒树、核桃树等)
和果树(苹果树、梨树等),花草树木不但可以给人们提供凉快的
地方,并且也使居民们的经济收入得到了额外的增加(如图 4-
10)。另一方面村委会前是比较宽广的场地(如图 4-11),主要是
石质材料铺地而成的景观,人们围绕着它种了多种多样的植物。
把石头作成修道路的材料,是人们常用的技能,我们人类经常把
绿色植物和经济作物种在一起,把它们种在行走道路的周边(如
图 4-12)。建筑的周围围绕了各种各样的植物,显得异常有活力,
不但使人们生存的环境充满生机活力,同时也使聚落的景观层次
得到了增加。

图 4-10　建筑与植被总平面图

图片来源:作者自绘

图 4-11　村委会前广场

图片来源:作者自拍摄

图 4-12　村中道路旁绿化

图片来源:作者自拍摄

2.水:与石板岩聚落相映成趣

人们想要在地球上生存离不开水资源。虽然水可以在技术的支撑下再次被人们使用,然而世界各个地方的水的数量不均匀。所以全国所有地方包括山区、农村等等,人们都要保护水,不能随便浪费水,做到对水的充分使用。我国古老民族非常重视大自然界流动的水。就像地球地底下的水和山河湖泊等等。在古老的过去,人们在选择住的地方,以及整个村子选择长期生存的地方时,通常都会请懂得风水的人来帮忙看看,找个有足够满足人们生活的水资源的地方,并且又不至于发生水灾害,有很多供人们生存的水,并且有山,周围又有树的地方做为生存的地方(如图 4-13)。井、泉水是村民的主要饮用水。打的井非常深,并且周围又有东西保护着,重要的是每个人都保护它,大多数时间都不会被污染,能够被人们使用。通常情况下,人们把雨水和生活产生的脏水都通过修建的沟流到了田地里,这样农作物和植物都生长地很好;另一方面可以把那些注入到池塘里面,用来养殖鱼、虾等等。在我国古代,人们都极其注重水的排放,修了水渠和堤坝,对水有了很好的引导作用,不但可以补充田间植物的水分问题,还可以防止灾害的发生,一举两得。

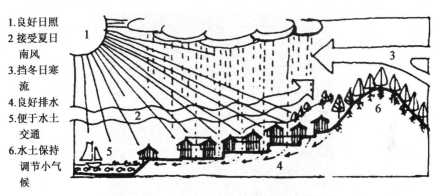

1.良好日照
2.接受夏日南风
3.挡冬日寒流
4.良好排水
5.便于水土交通
6.水土保持调节小气候

图 4-13　村镇选址与生态之间的关系

从中得利的最好例子是徽州的黟县生存的居民们,人们通过修沟把水引进了自己生活的周围,形成了水乡。在南湖聚积了很多的水,随后又从南湖流出,流到了外面的河水中,这样一方面解决了人们吃水困难和脏水流到哪的问题,同时又使周围的环境得到净化,使每家每户都绿树环绕,充满生气活力。其中一个显著的例子是丽江,三条河流相互环绕,人们修长的沟渠也相互纵横,里面的水非常清澈。它使人们的生活更加方便,又是一道美丽的风景线。每当太阳落山后,人们也从集市中离开回到家时,把沟渠封住,把水引到了街上,流去街上一天的尘土。总而言之,我们古老的人们都比较懂得怎么才能把水利用好,既使水保持清洁和质量,又使空气不那么干燥、使人们生活的环境得到改善。

(1)山水相依的自然景观

《林泉高致》这本书很生动地描述了山水之间的相互关系,极为经典的一句话是"山得水而活,水得山而媚"。在石板岩这个地方,存在有很多瀑布,它们与山相互映衬,显得非常美丽,别具一番情趣(如图 4-14)。丰盈之处的水急速地奔流而下,跌落到水潭中,大朵的水花四处飞溅,像极了一幅画轴。有的欲断非断,有韵律地与山体连接着,像晶莹欲滴的珠帘,水落下来发出嘀嗒嘀嗒的碰撞声;在雾气朦胧的清晨,水温和气温差异大,形成袅袅薄雾,此时的山间瀑布宛如仙境一般。而从山间的聚落往下看去,谷底的台地农田与河流构筑了一幅丰富的大地景观(如图 4-15)。

图 4-14　石板岩聚落周边的水景观

图片来源:作者自拍摄

图 4-15　石板岩谷底的景观层次

图片来源:作者自拍摄

(2)"叠水民居"的防水设计

由于山和平地相比,山非常高,水从高的山峰之间跌落下来。

所以人们设计自己的住宅位置时,考虑从山上流下来的水是非常重要的。我们首先考虑的因素是,人们建造住宅时应该考虑地势,人们住宅后面的建筑物和后面的台地各留1 m－1.2 m的距离,每当下雨时,雨水会向住宅的后面流去,随后流水向住宅的两边流去,特别是在有高低明显的地方,流水会一直流向比较低的地方,这种方法没有用沟渠,也有效地把水流了出去,相对之前的方法,它更有意义。建筑屋的面排水则通过石板层层搭接斜坡把水排向地面(如图 4-16、4-17)。由此可以看出,山地民居景观美观不是最主要的,而在生活中如何应对自然环境是主要考虑因素。人们用最简单实用的办法解决了人们居住的房屋自身对水的防预功能,并且也解决了流水流向问题。特别在下雨多的季节,水流向低处一泻千里,从而形成了壮观的瀑布,与太行山非常漂亮的景观相互结合在一起,成了一道无与伦比的景观。

图 4-16　场地高差排水处理

图 4-17　屋后防水处理

（3）水边的乡野风景

在住宅附近的流水的地方，人们经常聚到一块洗菜，每当夏天天气非常炎热时，河边成了孩子们天然的游乐场所，他们在此抓鱼、游泳，在一块玩得非常开心。每种景色构在一起，成了一道美丽的风景线。

3.土地资源的合理利用

中国传统的经济主体是农耕经济，广大农民对土地非常看重。地球只有一个，土地是有限的，因此在聚落环境创造过程中，把节约土地、提高土地使用效率作为最重要的原则。从聚落选址看，最常见的定居方式为山居和沿河而居。因此利于节约土地而不占良田。另外，村民们住宅的密积、狭小的街巷也有利于节地保土。例如徽州和江浙一带的民居，一家一舍依山傍水而居，充分利用了空间。在空间处理上，让人印象深刻的是那些小巧的天井、玲珑别致的客楼及夹层、曲折的小巷等。"居室不能敞，唯寝与楼耳"正是对这种景色的有力映称。

在生土建材使用方面也充分体现了合理利用土地资源的思想。近年来外国学者非常重视中国古老的居住场所的设计。例如比较典型的是陕西、山西的黄土窑洞建筑。居住的窑洞随着山的形势建成，真正意义上把当地有用的东西得到了充分利用。此种利用地下空间来修建居住场所有效地节约了地上的空间。另一个例子，村民们用土来建造自己的房屋，如新疆福建晋南和甘南这些地方的建筑。这些用土建成的住宅可以再次使用，当它们被人们拆除时，又回归到了大自然中，能够再次被人们利用。

4.对自然能源的合理利用

人们在聚落的建造过程中及日常生活中积累了丰富的可以使用的经验。在选择居所方面，特别重视"负阴抱阳"、"背山面水"，居所在山的背面时，可以有效地使居所不受寒风的侵袭，充足温暖的阳光不但可以使屋里面的温度有所升高并且还可以使屋里不干燥。除此之外，北方温暖适宜的居住环境是直接通过宽大的庭子来吸收充足的阳光；南方的屋子里之所以凉爽，是因为有天井。另一方面,在北方居住的人们喜欢把炕和灶联在一起,使产生的热量能够得到充分的利用,这种方法很节能。生土居住的人们使用非常厚的土壁建造一个温度比较稳定的地方,就像是天然形成的空调一样,这种方法非常节能。

以上的几个例子,充分体现了古老民族对自然资源的充分再生利用。因为很多农田围绕着人们居住的地方,居所外面有很多植物,山谷河流贯穿其中,加上人们自觉的保护和有效利用,环境自净能力得到提高,聚落整体的循环与再生环境得以维持。

4.4　影响聚落环境的因素

传统聚落经过人类居住活动的长期积淀成为人类文明的物质体现。聚落的形态表现了聚落的社会组织与空间布局之间的密切关系,其选点、规模和稳定性受生存技术和环境的限制尤其明显。这些都表明"传统聚落作为基本生活单位,受到自然条件的制约,它反映出社会组织与合作,成为稳定地有机整体聚集起来";人类聚落环境的发展总是表现为人为的力(政治、宗教、文化等)和自然的力(生产力、经济等)的互动。但一般这两种力作用及效果不会均等,而总是有所偏重,有时还会走到极端。根据这一认识,我们就可把历史上聚落生成大致概括成两种价值取向和方法不同的类型,即"自上而下"和"自下而上"。"自上而下"是一种属于所谓"法理社会"的设计方法。历史上许多都城建设体现了这种方法。它反映出严格的等级制观念,如我国的"营国制度"和"城廓之制"的设计思想。所谓"自下而上",主要是指按照自然力的作用,遵循自然生物的生长原则,通过若干个体经过多年累积形成城镇的方法。其特点是:通常较少有统一的、人为干预的规划观念影响,而是以自给自足、功能合理、适应经济和地域条件为规划原则。这种形成方法与农业社会特有的经验型文化传承机制有关。如果某种基于功利的营造方式一旦证明是有效的,工匠就会有一种成功的意识,"他就会有一双决不愿抛弃的手、眼和脑的协调格式,并乐于向下一代传授这些秘密"。相对而言,这种方法有一种自发调整的功能,能使人的需求和特定地域之间的协调关系得到满足。使聚落环境在较长的时期内,保持相对稳定的渐变。传统民居聚落环境多属于这种类型。

4.4.1 影响传统聚落环境发生、发展的因素

传统聚落环境是一种地域综合体,它由物体和空间共同构成。中国传统聚落受中国传统建筑哲理思想的深远影响,主张崇尚自然、顺应自然、因地制宜、就地取材,运用世代相传的建造技术,自行设计和建造的满足人们生活需要的居住空间。传统聚落在不同的地域和民族文化中发展起来,反映着不同地域和民族之间不同的风俗和习惯,呈现出各式各样的建筑形式,即使同一民族生活于不同地域,其建筑形式也相当迥异。所以事物的发展变化都有规律可循,传统聚落形式的发展也不例外。我们对聚落建筑环境的关注,不应只关注其表面形式的传承,而应以广义建筑学为理论基础,建立一个系统的聚落环境研究框架,找出对该传统聚落环境的发展起作用的根源因素,在建筑发展的某一特定阶段,可能暂时起主导作用的会是某个单一因素,但是就传统聚落环境的整体的发展过程而言,它是多种因素共同作用的结果。而影响传统聚落环境的要素有自然、人文、社会等环境要素以及传承性,自然与人类活动之间长期的相互作用形成了独特的传统聚落景观。这些因素相互交织,在统一中追求变化。传统聚落形态的发展演变受这些因素的共同制约,阐释了中国传统聚落多元、交融、共生的历史状况。"从乡土景观的主体、客体及相互关系方面来理解:它是适应于当地自然和土地的,它是当地人的,它是为了生存和生活的,三者缺一不可"。

我国各地的传统聚落,因受多种因素的共同影响呈现出多种多样的形态类型,其中,主要有地理环境、气候条件、物质资源、文化背景、生活方式、生产力水平等的差别。同时我们能够看到,我

国大部分地区的传统聚落所呈现出来的形态都反映了这样一个事实:建筑活动是人类为满足人的生活需求或追求理想生活,采取措施、克服困难进行的一种社会活动。例如北方的四合院、南方的各种院落、华北的窑洞、客家的土楼、彝族的土掌房、白族的四合五天井等。这种现象表明,古代人民在住宅发展过程中,从最古老的居住形态——穴居和巢居向后来种类繁多、发展成熟的聚落形态的发展进程中,存在普遍的规律,就是自然环境要素和文化环境要素及自然与人类活动之间长期的相互作用,形成了独特的传统民居及居住环境。

纵观影响传统聚落环境的各种因素,他们相互穿插、相互影响,在不同的方面与聚落的构筑、演变、发展形成了密切的联系。因此,对中国传统聚落的研究,除了挖掘整理显形的建筑布局、建筑模式、技术构架、内外装修之外,深刻理解影响聚落形成的各根源因素,将有利于我们对传统聚落进行更加深入的分析、借鉴,继承并超越传统文脉,探索如何创造性地运用传统民居建筑精华,引导未来的村镇规划,使源于聚落的乡土建筑形态在新时期建设中,创造出具有时代精神和地方、民族特色的文化内涵。

4.4.2　自然因素对传统聚落环境的影响

传统聚落环境受自然、地理、气候、经济、社会、文化等诸多因素的影响。但自然因素对那些生产力较低,经济发展相对落后的地区有很大的制约作用。这些自然环境因素主要有生态因素和地域因素,如气候地形、地质地貌、水文土壤、动物植被等因素。自然环境综合体的构成,正是由于这些因素之间的有机结合。气候要素对聚落环境的影响时间比较漫长,所以不同的气候条件形成的聚落景观类型也是不同的,因此气候要素对传统聚落环境的形成有重要影响,从而构成了自然环境的综合体。

彭一刚先生在他的《村镇聚落景观分析》一书中说"民居建筑,由于受到种种条件限制,虽然比较简陋,不可能与前几类建筑(宫殿建筑、园林建筑与寺庙建筑)相提并论,但由于它最接近于生活，又多出自乡民之手，加之与当地的气候及地形环境有机地结合，所以尽管是竹篱茅舍，却多充满生活气息，甚至也能像园林建筑那样而具有诗情画意一般的意境。当然这种意境之所寄，决不是依靠单体建筑本身所能发生的，甚至也不能全靠建筑群体的组合，而必须联系到包括自然山川在内的整体空间环境。"在此，他强调了聚落周围山川自然环境在聚落环境中的重要地位。建于自然之中的聚落受到周围环境的影响和限制。如何利用自然环境以及风景环境直接影响聚落景观特色的形成与发展。山地和平原地形各具优势。在建造聚落时，要有效利用有利地形和环境，创造景观丰富且独具魅力聚落景观。

聚落空间的形态受到地理环境和自然条件的影响。"匠人营国"建城制度是古代遵循的规划思想，但都城的规划和建设也会根据地形条件做适当的改变。例如明南京城，就是在基本皇城格局不变的基础上，根据其所处的地形对都城道路和城墙做了适当的变动。聚落的建设更要因地制宜，顺应地形地势而建造。影响聚落环境的自然因素主要有以下几个。

1. 地域因素

"地域"指的是环境背景，反映出传统聚落形态受地理气候限定的相关内容。在气候、物资、材料相似或相近地区的传统聚落模式往往具有共性。若能够从宏观角度考察聚落，许多问题便有了确定的答案。例如云南藏族民居和四川藏族民居都与西藏藏族民居有较大差异，但是位于藏族地区的其他民居则与之有很大的相似性。地理气候对传统聚落有很大的影响。在传统的小农经济状态下，因为物质财富及科学技术比较落后，所以地理气候条件是影响传统聚落环境形态形成的重要因素。

2. 地形、地貌

传统聚落环境的形成也受地形和地貌变化的很大影响。尤其是在山区和丘陵地区，人们把房屋修建在不适宜当作农田的坡地上，而尽量把较为平坦的土地作为农田。这些座落于山地的村寨组合形式多种多样，其中大部分平行排列并沿等高线布置，以高低错落、层次分明的"之"字形的小路相互连接。

3. 水

水是源头,水源的位置是建村选址之初优先考虑的因素。水源充足但又不会水满为患之地为宜。离水源稍近的聚落着重引水入村,再进行疏导流出,方便居民使用,距离水源较远的聚落则在村中挖井取水。江南地区水网密布,水源充足,聚落大多建造在水上,留下通道供水流通,这种聚落形态使居民充分享受水源使用的便利条件。所以聚落的布局与水的流向紧密相关,以任何形式排列的街道、水道和房屋组成的界面都可以看出它们是统一的整体。在水原丰富的地区,建筑的形态类型也多种多样,有桥的空间,有水湾空间,有临水而建的房屋等。

4. 生态因素

"生态"主要指尊重自然规律,强调传统聚落的营建要与自然和谐共生。人与自然和谐共生是中国传统人文精神思想,云南元阳梯田将这种理念体现的漓淋尽致。人们的引用水源是来自大气中的雨水,它先经过丛林植物的过滤,然后汇入村寨的溪流中,再流经住户门前的洗涤池,之后汇入寨边养鱼的池塘中,最后富含养分的水被用来浇灌梯田里的水稻。传统民居与聚落之所以能够长期稳定发展的重要原因是对自然资源的保护与合理利用。尊重自然、因地制宜、合理利用资源、建筑建造结合环境等思想都体现了民族的智慧。聚落始终坚持以经济性与功能性为原则,因此对自然资源的利用也较多考虑到环保问题和可持续发展。

传统聚落是以自然生态为载体的绿色空间体系。崇尚自然、天人合一的文化思想在古代居住环境形成的过程中有着深远的影响,以这种思想为指导,古人在民居的建造中因地制宜、利用地形地貌、顺应自然、灵活组织布局空间环境,这种顺应自然的建造思想在浙江余姚四明山中的柿林村得到很好的体现。水乡、渔村、山村、窑洞等多种多样的居住形态是传统聚落在不同自然环境下的具体体现。

4.4.3　社会、文化因素对传统聚落环境的影响

　　传统聚落作为千余年来乡土文化的重要载体,是人类生命的精神家园,它是我们祖先古老的生活的现实保留与记载,承载着我们许多已经逝去的儿时记忆。传统聚落具有深厚历史文化底蕴,每个传统聚落都有着都市里想象不到的特有的社会生活,那是经过文化洗礼、岁月沉淀和个体境遇相结合形成的温馨家园,传统聚落乡村文化所特有文化精神,它所体现出来的世界观、人生观、价值观及其表达方式,融入了乡村聚落文化的每个组成部分。然后以整合过的、全然一新的面貌呈现到世人面前。在不同的时期、不同的社会、不同的文化思想影响下,民居经过长期的历史积淀,形成了风格风貌不同的聚落。在时间的长河里,聚落中的民居不仅仅是一种物质,经过时间的积累和沉淀,一些具有深远历史意义的内容被注入进去,同时那些潜在的特有的文化精神与时代美的内容被升华出来。"建筑遗存更重要的价值是一种精神,一种美。这种美往往与它的沉默、斑驳和残破同在。"人与人以及人与自然之间的关系都是人们在选择房屋和聚落形态时必须要考虑的问题,在封建社会中,人与人的关系主要遵循的宗法、伦理及道德观念是以儒家思想为基础的;而风水观念则是影响人与自然关系的主要因素。除此之外,对传统聚落环境产生不同影响的因素还有宗教信仰、血缘关系、生活习俗等。

　　1.传统聚落环境的文化内涵

　　传统聚落是中国特有的文化遗产,遗留至今的一些传统聚落,是明清时期的一些知识分子和乡绅着力建设的,是传统社会不同阶层文化相融合的产物,也达到了当时社会生活和精神等方面的最好状态,它是在特定的历史环境下形成的,保存比较完整的且能体现中国传统文化的民居形式。其内涵主要体现在以下几方面:

　　(1)聚落历史悠久

　　传统聚落形成于历史的发展长河中,年代久远的古老建筑很

难保存,保存下来的又缺少了传统文化的特点。形成于明清时期的民居建筑成为了传统聚落保留的重点,因此,保留下来的明清时期的传统聚落也已有一百多年的历史,传统聚落的悠久历史也由此可知。

(2)宗族文化遗迹突出

宗族聚居是与传统的社会生产力和生产关系相适应的居住形态。知识分子和乡绅着重建设的宗族包含了传统文化的基本特征,它是传统社会基层组织的管理手段也是公益事业的中心。以宗族聚居方式存在的传统聚落的村庄大多各村是一个姓氏。虽然中国的传统宗法已经结束,但还有祠堂等以物的形态存在的宗祀建筑。

(3)有显著的区域性文化特征

传统聚落是在特定的历史、地理、社会环境中经过漫长历史过程逐渐形成的,每一个传统聚落的存在都有其独特的环境,其文化也必然适应其独特的环境因素。从广义的范围看来,传统聚落文化的差异性也有章可循,某个范围内的各个传统聚落在形式上常常具有整体的、统一的和规律的风格及样式,这种文化现象是特别有趣的,文化传统聚落的重要特征在于它们能够在各自个性化的基础上相互增益,共同营造出具有一定区域文化特色的传统聚落。这体现了传统聚落区域独特性和全国统一性的特点。

(4)充分体现传统文化指导下形成的人居生态之美

中国传统文化有着悠久的历史,它包罗万象,其中的阴阳五行观念更是到处可见。阴阳五行的思想,最早在战国晚期就已经得到了比较系统的整理;到了汉代,成为了中国传统文化中统一的宇宙间架理论。如果要把作为大传统的儒、道理论和作为小传统的俗、巫理论加以仔细的探讨研究,它们各自对民居形态的影响则需以专书加以阐述,好的一点是它们共同采用了阴阳五行的宇宙间架理论,总的来说,阴阳五行的宇宙间架理论反映在对传统聚落形态的美学评价上就是一个"合"字,大传统与"礼"、"道"相合;小传统的"合"则具有神秘性,总的来说,可以概括为"天人合一"。因为传统聚落体现了传统社会中大、小传统的结合,具有血缘宗法的组织保证,还有商业性财富的支持,所以是"天人合一"思想的最佳体现,这被称为传统聚落的人文优美性。

2. 影响传统聚落环境的社会、文化因素

影响传统聚落环境发展的社会、文化因素,是指人与自然之间经过长期的相互作用,逐渐形成的价值观、道德观和审美观以及民俗文化等,具体来说包括多个方面内容,即历史习俗、宗教信仰、宗法理论、道德观念、风水学说以及传统聚落的防御性和开放性等。传统聚落环境景观包含了各种文化现象,这些文化经过相互融合,形成了一个复杂的聚落文化综合体,体现了一定地域内的地理人文面貌特征。

中国传统聚落环境是传统文化的一种物质载体,文化因素在传统聚落形成过程中的影响是十分明显的。"住屋不仅仅是一个架构,它是一连串复杂的目的连缀而成的系统。因为建造住屋是个文化现象,它的外观和组织受其所属文化背景的极大影响。"川中科院院士彭一刚曾说:"(文化因素)我们认为影响是无庸置疑的,但是是否具有决定性的意义恐怕不能一概而论。一般来讲,生产力低下,经济和文化比较落后的地区,自然因素对聚落及聚落形态所起的制约作用往往难于逾越,而在经济和文化比较发达地区,社会及文化因素所起的作用则更为显著。"由此可见社会文化因素对聚落的重要影响。

4.5 本章小结

传统聚落环境是由物质和空间所组成的地域综合体。它是复杂的自然过程、人文过程和人类的价值观在物质空间上的体现,传统聚落形成于各个不同的地域民族中,反映出不同民族的风俗、信仰和审美,呈现出各种各样的形式。自然因素是影响传统聚落环境的基本因素,人文因素是影响传统聚落环境的主要因

素。传统聚落环境是人类文化与自然环境相结合的产物。影响传统聚落环境的各因素相互融合、相互交织,在不同的方面,与聚落的构筑、发展、演变建立了密切的联系。

石板岩民居的发展和演变进程中,就如何应对自然环境的观念,逐渐形成了聚落的可持续发展思想,即自然地形与聚落形态的结合,自然景观与农业景观的结合,地方经济发展与资源合理利用的结合等。这些思想充分反映了石板岩乡土建筑及聚落形态的发展演变是一个社会、经济、文化、生态与建筑环境协调发展的过程。因此,石板房和具有地区特色的人文景观成为豫北山地地区具有代表意义的人文生态景观。然而,现在石板岩地区上游建水库截流,造成河流断流趋势。唯有雨季时谷底才有较小的溪流。谷底的植被和生物也逐渐消失,地方生态系统遭到了严重的破坏。另外,由于盲目的建设活动,新村建设又往往忽视地方生态状况,使得可持续发展的思想逐渐消失。与此同时,交通运输也越来越便捷,带来了大量的外来新兴建筑材料,砖瓦房开始大面积出现,造成石板岩地区聚落形态与地方乡土建筑逐渐衰退,就地取材的生态营造模式逐渐消失。紧接着地方工匠的营造技艺也逐渐失传,"碣石板"的传统技艺等非物质文化遗产也在一步一步消失。这些具有典型豫北山地特色的石板房民居陷入了发展困境,如何继续坚持可持续发展成为人们面临的重大问题。

"伐木不自其本,必复生。根本不移、薪火相传。"系统地总结、归纳、挖掘和整理石板岩民居的生态思想及营造策略,客观地看待石板岩地区发展的需要,寻求一种与地方生态、环境、资源、社会、经济以及营建传统相协调的发展方式,是关系到豫北山地石板岩民居和聚落的传承与更新的关键所在。

第 5 章　国内外聚落更新保护与研究对石板岩聚落的启示

　　纵观建筑学的发展进程,建筑的改变从房屋建设到形体环境,再到人居环境的可持续性前进,这表明了建筑科学正在不断的前进发展。在 20 世纪,许多国家以牺牲能源、环境为代价,求取科学技术的进步,这种方式虽在短期内可以获得劳动、生活的安逸,但从发展的角度来看,这是行不通的。以此为基点,多数具有责任感的建筑师渐渐注重建筑给环境带来的影响,本土传统建筑的研究也由此发展起来。"他山之石,可以攻玉",本章内容是在参考国内外相关研究和实例的基础上,提取石板岩聚落民居传统设计的智慧。

5.1　古聚落的四种保护类型

5.1.1　原真型保护

　　这一保护类型是针对保护情况比较好的古民居,或者对于古民居中具有较高历史、科学和艺术价值的重点区段、节点所进行严格的属于文物级别的保护。按照《关于原真性的奈良文件》中关于"各种形式和各历史时期的文化遗产要基于遗产的价值"的思想,以认识这些价值的能力所必须依赖的"与这些价值有关的信息源的可信性和真实性"为保护主线,最大限度地保护好这一类重点历史民居建筑。

5.1.2　风貌型保护

风貌保护作为传统民居保护中最能体现空间特色的方法,在保护中的地位显得十分突出。风貌保护在有保留价值的传统建筑片区内,在当地传统文化的基础上,结合当地建筑特色,对传统民居进行的一种历史重现。这是对于损坏程度明显,并且风貌已有残缺的片区内使用的一种保护方法,这种保护类型能够通过传统建筑肌理的梳理展现当地特色及历史文化。

5.1.3　再现型保护

某些位于特殊地段的建筑,由于自然、历史等原因导致现存状况的破败与历史的兴旺阶段已大大不同,针对这种处于尴尬环境的建筑,可采用再现性的保护方法。再现型保护多用在当地旅游和相关的开发上,这样一来,第一能够完全传承当地的历史文化,第二也能够以此推动当地的经济进步。

5.1.4　创新型保护

近些年提出的创新型保护是对以往保护模式的进一步发展,但该方法尚处于研究阶段。运用这种方法比较成熟的代表案例是上海新天地的传统里弄改建。该项目在传承当地历史文脉的基础上,大胆创新,研究传统文化新的传承方式,增加新的功能来激发传统建筑的活力,使经过创新的传统里弄重新焕发生命力。

5.2　城市化进程中聚落保护的建议

聚落可以展现出一个地区的发展历程,对其进行保护可以使当地的传统文化得到传承,在进行保护的时候,不能一味地从建筑实体方面进行修复,同时要站在长远的角度进行活态保护,充分利用传统文化在各个层面带来的价值利益,使之产生对地区发展有利的正能量。民居保护仅仅依靠国家的政策是远远不够的,它需要提高人们的保护意识,调动人们积极性,宏观微观相辅相成,共同对民居的保护起到推动作用。为了使人们明白传统建筑保护的意义和价值,提升民众的参与性,使人们在民居的保护中发挥更大的作用,可以从以下方面入手:

1. 在城市规划中树立民居保护观念

在现在的城市设计中,民居通常不被重视。从本质上来说,古城的整体保护需要纵观全局的规划,它涉及的因素包括现实生活中的方方面面。所以,针对民居的保护理念要在各种因素里得到体现,在规划时要有"民居不是城市发展的包袱,而是城市发展的财富、资本和动力"的意识,把这种意识与城市规划结合起来,全面平衡解决问题,通过政府的引导作用,使民居得到保护的同时,居民也能够享受到更高品质的生活水平,权衡城市化进程和民居保护产生的矛盾,将民居的保护和利用落到实处,更好地适应现代城市的发展。例如在进行某个地区的规划设计之前,要先进行全面的调查研究,并向文物管理部门了解意见,对各类保护对象做好等级划分,通过各种方法对规划范围内的文保单位做好全面的保护,使具有保护价值的民居建筑得到延续。

2. 实施保护旧城与发展新区的战略

为更加完善的保护民居建筑,在规划上,老城和新城可以分开建设。在建设过程中,既要延续旧城区的传统文化,又要实现新城的现代化建设,同时要避免出现新城繁荣和老区衰败的现象。在进行旧城改造的过程中,前期要结合实际做好调查研究,在掌握情况的基础上对保护范围及等级做出合适的划分,并以新区的开发在财政上对老城提供支撑。在城区的整体规划中,建筑保护和新建要同时进行,用有机的方式将其融合。

3. 合理实施旅游开发并有效保护民居

利用旅游业带动区域发展时,要同时兼顾当地居民和环境的承受力,不能盲目开展,既要开发适度,又要以此促进当地经济的进步,使相关产业得到的发展。当地的居民是这个过程中的来源、产品,同时也是保护对象。旅行的人更注重从旅行过程中收获精神上的感动。因为旅游业的性质与其他行业有所不同,某地开发后维护资金较少,被保护后的民居建筑不会随着时间推移而消耗,反而会因此得到更多的资金进行深度维护。由于旅游开发与其他类型的资源开发不同,它不存在物耗,因此传统民居不会因为开发而减少或损耗,相反在开发的同时会因为有了经济支撑而得到更好地保护,以此支撑使民居进行永续的保护。

4.加强法律法规制度的建设与完善

现存有关文物保护的法律条文有《文物保护法》和它的具体条例,但它并不能完全满足民居保护的需求,以此为基础的地方性法规也表现出明显的限制,虽然有部分法规对文物保护产生作用,但许多条文目前还仅停留在纸面上。所以要进一步加强有关民居保护的法律条文,不仅仅是单纯的民居保护,要把它和民居的利用结合起来,使人们一同参加到民居保护中,充分调动居民的积极性。

5.完善民居周边环境保护机制

人们的居住环境通常是十分重要的。因为城市化进程的加快,部分城市在发展过程中只注重眼前的利益,没有从长远的角度看,民居周边的环境遭到破坏,现状比较糟糕,这导致旧城渐渐被人们废弃,民居的保护受到阻碍。所以在城市进程的规划中,应对老城的生态环境和整体风貌加以重视,发挥民居的价值和潜力,使民居在现代生活中得以传承。在 2005 年 10 月召开的第 15届国际古迹遗址理事会(ICOMOS)上,在《西安宣言》中提到关于传统文化保护的新范围,该《宣言》提出"文化遗产的周边环境是所包含的一切历史的、社会的、精神的、习俗的、经济的和文化的活动"。这个《宣言》的提出,就像给民居穿上了坚硬的铠甲,不但可以对建筑本身进行维护,也使与建筑有关的非物质文化遗产得到了传承。

6.设立民居专项保护资金

由于目前用于民居保护的资金较少,在快速的城市化进程中需要大量的资金做支撑,由此导致民居保护受到巨大的阻碍。因为民居保护的眼前收益小,许多开放商不愿在民居保护上做过多投资,导致民居保护的资金缺乏。为解决这种情况,可以采用其他方式,如政府投入、国债项目、政策引导、市场运作等筹集资金,设立民居保护的专项资金,使得破坏严重的民居也可也得到修复,渐渐使民居的保护范围变大,完善城区和谐的建设氛围。

5.3　国外聚落的保护与研究

5.3.1　国外乡村聚落保护的内容

1.乡村聚落布局影响因素

纵观乡村聚落的整个前进历程,刚开始的选址考虑因素不多,主要是单纯的从大自然出发,随着人们对生活水平的要求日益增长,乡村聚落的选址要求考虑的原因也渐渐增加,包括自然、人文、政治等许多原因。在乡村聚落研究的萌芽起步阶段,对乡村聚落产生影响的主要原因是自然因素。霍斯金斯(W G Hoskins)通过科学研究得到,最早期乡村聚落在地域的选择上同当地土地的肥沃度和前人的居住形式有关。除此之外,村落的布局还受到当地政府和经济能力的制约。彼得(S Peter)通过科学研究发现,南非地域关于乡村聚落的分布同地区基本服务设施及当地发展的机遇有关,乡村聚落形成后,相应的服务设施会渐渐发展。随着乡村聚落的继续发展,它的影响力慢慢扩大到社会人文、政府决策、人口行为等诸多部分。

2.乡村聚落类型与形态

乡村聚落的研究开始于20世纪初。但因为每个据点都有与众不同的专属性格,比如起源发展、历史人文、地理环境、空间形态和职能特性等,不易总结出一个涵盖各方面的全面的研究方向。所以,专家学者以乡村聚落类型和分类标准为基础,进行大规模调研,制定出有关乡村聚落分类的指标体系。

在这项研究项目中,梅村(A Meitzen)起到重要作用,他区分了德国乡村北部的农业聚落形态。在这之后,其他学者大多数都使用聚落个体作为区分乡村聚落的指标。除此之外,还有另一些学者,如克里斯塔勒(W Christaller),他认为村落可以按照规则与否分为两类,其中有规律的村落可再次进行划分成街道村落、线形村落、庄园村落等形式。罗伯特(B Roberts)认为乡村可以按照自身形态、规整与否、场地开阔与否进行不同的区分。国际地理联合会也对乡村聚落的区分提出基本标准:包括功能、形态位置、起源及未来发展等四项,这种分类方法作为乡村聚落科学研究的里程碑,解决了以前研究标准不统一的缺陷。通过整个研究过程可以知道,国外对于乡村聚落的分类研究基本分为:一般描述、统计描述、统计分类,而现今大部分情况是使用 GIS 方法对乡村聚落进行分析。

3. 乡村聚落用地

从 20 世纪初开始,西方国家,特别是美国和加拿大,出现了人口数量大幅度增加和土地资源价格上涨的阶段,许多农业地块被作为居住使用,这使乡村聚落用地越来越多的成为研究人员的研究对象。乡村聚落的研究可以从乡村变化特征、演进机制、影响因素以及合理调控土地利用以保护景观、生态环境及保护耕地等方面进行。

进行研究的人员研究方向多种多样。弗瑞德(Fred)主要研究多伦多附近乡村聚落的演变特点。维奥莉特(Violette)和巴奇瓦洛夫(Bachvarov)侧重于中东欧乡村聚落的土地使用情况,研究发现,社会的前进带来某些村落的衰败,同时其他村落的发展使其自身成为农村的中心。韦斯特比(Vesterby)和克鲁帕(S Krupa)以美国村落为研究对象,通过长期关注土地使用情况,得出农村居民点用地是城市居民点用地 2 倍的结论。海恩斯（L Haines)就如何控制乡村聚落向外扩大提出了的四条方法:管理农村居民点用地发展的最低规模、购买发展权、转移发展权和划定保护区,并针对每个措施的运行及其优缺点进行了评析,认为划定保护区是最理想的控制农村居民点用地扩张的措施。

4.乡村聚落景观

乡村景观研究方面看,国外的方向主要包括四项:乡村的农田格局,聚落格局及社会结构的演变历程及发展趋势研究;乡村景观的感知及评价研究;乡村景观的生态及文化保护研究;乡村景观的规划研究。

随着科技的发展,乡村城市化和农业工业化渐渐导致乡村聚落的景观发生天翻地覆的改变。安托洛普（Marc Antrop)根据研究发现,在城市化进程中,道路、信息的快速发展形成的网络化交流是促进村落景观发生改变的主要原因。这种现象在临近大都市的村落和偏远地区的村落的对比中最为明显,通过观察可以知道,它的演变过程是不相同的。鲁达(Gy Ruda)经过研究得出,新村落的扩大化源于农业工业化水平的提升,工业化程度的提高使得居民的住所较为集中,所以,在新村落变大的同时,很多此前形成的小的聚落被居民放弃,经过时间的消磨慢慢消失,这种情况最终使乡村聚落的形态发生本质变化,所以要使乡村聚落的形态得到延续,需要分别从四个方面对它进行保护:自然与建筑环境的和谐、历史传统风貌、当地社区和聚落独特的文化。

5.3.2 国外乡村聚落研究的趋势与启示

1.国外乡村聚落研究的趋势

国外乡村聚落的发展由初步的萌芽阶段和起步阶段,较长一段时间的发展阶段和转型阶段,最终走向了重构阶段,从最初的摸索不断走向成熟,研究方法日益多样,研究视角转向多元。近期梳理总结了相关历史文献,总结出以下几个研究趋势:

(1)研究视角的社会化趋势

20 世纪 60—70 年代,威廉姆斯（Williams)主张采用"社会学的视角"研究乡村居住地。20 世纪 90 年代以来,乡村聚落研究的视角逐渐走向后现代方向,研究方向主要是以之前被忽视掉的乡村问题为主,内容上涵盖了乡村社区、城乡关系、乡村景观以及城乡社会问题等,研究内容更加具体,深度更加深入,例如所涉及的乡村聚落变迁与乡村危机、乡村变化与乡村发展、农民的迁徙与农村社会转型、乡村社会类型与人口居住区域之间的关系等。这些印证了菲利普斯关于乡村社会地理学要逾越文化地理界限的观点,也逾越了地理科学与历史学、艺术学、文化研究的界限。近年来,乡村地理学的研究不再以男性观点作为出发点,增加了性别视角的研究观念,开创了注重女性观点的性别研究,女性视角的乡村地理学开始作为一个崭新的学科,并且对于这一学科的研究正呈现出上升的趋势。

(2)关注乡村重构

近年来,越来越多的学者开始关注乡村地理的聚落重构、社会经济重构、空间重构等方面的重构问题。马斯登(Terry Marsden)分析了乡村重构的社会和政治基础,明确指出了乡村研究由空间方向往社会文化转变的意义,并采用三种方法来概括这一新的研究进程,即生产消费关系,社会关系和社会行动,机构和权力的社会建设,从而形成了一个更有效的重建乡村社会的科学研究。与此类似,伊娃(K Eva)认为重构是指经济、社会和政治制度的组织形式在结构上的变化。同时还指出,受到当地居民的构成,当地基础设施的供给和地理环境,以及居民点面积等诸多因素对重构发展阶段造成了不同的影响,由此可见,地方因素对乡村重构的影响愈发突出。

2.国外乡村聚落研究的启示

通过对国外乡村聚落的研究进行梳理和分析,有助于我们探讨国内乡村聚落空间的转型和重构。目前我国乡村空间发展存在一些不好的现象,如组织核心弱化、结构网络薄弱、基础设施要素分布不平衡等。整体上应当以城乡统筹为原则,具体采取塑造乡村组织的核心,整理乡村的居住空间等举措,完成乡村空间的重组和重构。在中国当前乡村聚落急需转型的大背景下,结合中国特殊的乡村发展模式,研究乡村聚落的动力机制、空间特征,一方面推动了乡村聚落空间转型的理论体系的形成,另一方面丰富乡村地理学的研究成果,同时也使得我国在乡村规划与发展中的很多问题和冲突得以显露出来,反过来帮助我们的政府制定出适宜的乡村发展决策和意见。

5.4 国内外的古民居保护与实践的对比

因为西方国家在古建筑的保护理念和实践的研究工作的开展要远远早于我国,他们在对历史文化内涵的处理方面较早的就形成了一系列较为成熟的信息处理法则,例如古民居保护内容的划定与分类、风貌控制、保护方式、民居建筑维修等方面。现在,我们应该多向西方借鉴成功的经验和方法,在文物保护的思想概念与原则方法上多做研究,仅从旅游开发的角度来看,我们现在所面临的问题,也正是西方曾经遇到的困境。我们应该综合分析制约古民居的保护和开发的因素,并对其中最关键的三个方面进行横向的对比。

5.4.1 资金来源

进行旅游开发的第一步就是维修保护古民居,这需要一笔很大的资金。古民居的保护和修缮不仅可以带来环境效益,同时还能促进旅游,带来经济效益,一旦旅游业发展了,就会带动很多人的就业,同时也带来了很大的社会效益,所以很多地方将旅游业发展为支柱产业。西方国家很早就发现上述观点,所以在古民居的保护上投入了大量的资金,当然这些资金数量不等,来源也各不相同,他们的主要资金来源有以下几类:

①政府拨款：政府提供专项资金作为古民居建筑的保护费用，如英国、法国。

②贷款：是由银行贷款给个相关部门，并由政府作为担保人，这项贷款资金是除了政府拨款以外的另一个主要资金来源，如希腊、荷兰、芬兰等。

③社会团体或个人资助：在欧洲，人民的文物保护意识较强，大家都会自发的捐款来支持古建筑的保护工作，除了个人以外，民间的一些社会团体和宗教组织也会进行捐款。在整个资金中，社会团体或个人资助这一项占到了很大的比例，有的国家甚至超过了国家拨款。

④利用罚金：这部分资金来源于对损坏、破坏古民居建筑者的罚款，将罚金用于保护古建筑，如英国。

任何一个国家都是综合利用上述的各项资金，而不是单一的依赖于其中某一项资金来源。通常情况下，各国政府在对一个有价值的古建筑的保护进行资金投入之前，都会首先进行综合评估，再投入相应比例的维修保护资金，在保护之后的一段时间内，还会对其进行定期的检查，并经常督促主人进行保护。综上所述，我国一方面可以参考西方国家的资金筹措方式，另一方面，也要根据自我实情，拓宽资金来源渠道。

5.4.2　法规制定

欧洲的文物立法工作开展的很早。17 世纪瑞典就出示了保护历史文物建筑的公告。在接下来 20 世纪这一百年里，文物保护的立法工作普遍开展。主要以英、法为例，做一下简单地介绍。1882 年英国通过了《历史古迹保护法》，1967 年出台了《城市文明法》，现作为主要参考法律的，是 1974 年所颁布的另一部法规——《城市与乡村文明法》，这部法规明确地划定了各个部门的责任，主要包括古民居在内的历史建筑的规划部门及管辖部门责任，而且对所要保护的内容等也做出了详细的规定。相对于欧洲的其他国家，法国的立法时间比较早，其政府部门也对古民居有着非常大的管理权限,20 世纪 60 年代初所颁布的《马尔罗法令》,明确地提出了保护历史地段的概念,从而影响了整个欧洲的古建筑保护立法,该法令明确规定,古民居保护维修所需要的经费必须全部由国家予以承担,并且还规定无论具有何种产权性质古民居建筑,只要没有政府的批准,即便是房主也无权对其进行修改。与此相比,我国古民居建筑的相关立法要滞后得很多,规定的保护力度也不够强。

5.4.3　开发目标和利用方式

在欧洲国家中,一些古民居建筑所遇到的问题主要是因年长者多已不在,年轻的居民更趋向于搬到城市中去居住,大量的房屋则被闲置,又长期缺乏有效的保护机制,一些古民居建筑则逐渐地颓败下来。因此,依据当地现实的古民居发展状况,只有转型发展旅游业,力求以古民居自然聚落和相关的旅游项目活动来吸引广大游客,并以此创造新的经济来源,留住古民居聚落生活主体与气息,从而保存古聚落的历史文化底蕴,典型代表有希腊的 Santorin,意大利的 Bajardo 和 Ligurische 等。

中国古民居建筑所面临的问题则与欧洲国家有所不同。无论在中国何处,只要该地区有可以进行旅游业开发建设的现实条件,都会为该地区带来就业岗位和财政收入,巨大的人流将随其蜂拥而至,古民居建筑的保护与开发同人口增长与经济建设压力之间的主要矛盾也随之形成。在中国经济飞速发展以及各行业间激烈竞争的同时,那些以古民居建筑为主体的旅游开发项目也逐渐放弃了单纯保护古民居的初衷,一味地提升经济效益使得新的用地需求在旅游项目地区不断出现,从而产生的大量另类建筑与原本的古民居建筑相比显得格格不入。由于中国与西方国家在开发古民居旅游项目的根本出发点不同,因此从某种意义上说,"另辟新区"也不会从根源上处理好中国古民居建筑的保护问题。另外,主要建筑材料的差异是中、西方古民居和建筑不同的关键之处,西方国家的大多数古民居建筑还比较适合居住,因为其建筑材料往往采用石块,具有较好的结构完整性;中国古民居建筑大部分的居住条件极为恶劣,主要是因为大多数的建筑都使用木材建造,或者是砖石结合,木材易腐蚀,不是永久性材料,所以中国的古建筑往往无法达到国际上的一般生活要求,从而也难以符合旅游项目开发的相关标准。因此,在对中国古建筑和古民居的保护工作中,我们将面临更多、更严峻的挑战。

从保护策略上来看,西方古民居建筑的旅游项目开发是以保护为基础,其更在乎的是如何保持好地方的特色,欧洲国家的当地人对于古民居非常的重视,认为这是上天赐予他们的宝贵遗产,对有着久远历史或发生过重大历史事件的古民居往往进行大力宣传。因此,他们不仅悉心研究古民居的旅游项目,并且还非常重视对古民居的保护和开发规划过程,主要包括住宅、就业、财政收入和环境保护这四个问题。在对古民居大量宣传的同时,他们又考虑到市场经济规律、城镇资源以及未来发展之间的相互关系,以及规划中所涉及的自然、生态、人文和历史等诸多方面的内容,力求使古民居保护在自然和社会之间保持协调和平衡,从而进行可持续的旅游项目开发建设。中国的古民居重点保护的往往是被列为文保单位的,多数都处于被忽略状态,这方面的研究和宣传更是少之又少。从云南的丽江到江苏的周庄,虽然游客众多、人满为患,但是这两个古城的旅游开发还处于走马观花的大众旅游模式,这种开发模式单纯以经济利益为主要目的,不适应于我国的古代民居资源的保护领域。

通过以上的对比,可以看到我们与国外的差距,国外的很多做法是值得我们去学习借鉴的,但是在借鉴国外相关方法的同时,也不能完全照搬国外模式,因为我们在地域上还是存在着很大的差异。我们的建筑材料、建筑设计理念、建筑建造结构与西方国家不一样,我们的气候特点、地域特点也是独具一格的,所以在引入西方先进古民居保护理念的基础上,应因地制宜,深入探索适合我国实际国情的古民居保护方法和旅游开发模式,推动古民居保护工作的发展。因此,如何走出一条具有中国特色的古民居保护与旅游开发的和谐之路,是我们最需要考虑的问题。

5.5 对传统聚落可持续发展的思考

世界上的其他任何地方,其地形、气候、文化与住宅或居住地形式之间的深刻关系都不如中国及日本的建筑体系。人与建筑、人与自然间的和谐关系时刻贯穿在中国传统民居建筑的营造过程中,从建筑选址到布局,从结构到材料,从装修到装饰,都是采取与自然环境相适应的方法,并且在没有任何高科技辅助的情况下,创造出了相对绿色、健康、舒适的室内外环境。

传统民居区别于现代建筑最大的差异之一就是传统民居的形态是具有地域性的,这意味着民居发展的各个阶段,都与其发生的地点紧密相关,它使用具有地方特色的材料、作出对当地气候以及特殊地形的适应,以最低的能源消耗为成本,获取最大限度的居住舒适度,一旦将这种形态放在其他气候的环境下便无法成立,相反,具有相似的气候与地形条件区域内,产生的形态特征也会相似。这与当代社会倡导的可持续发展观念是一致的,也是传统民居带给我们的重要财富。传统民居的可持续发展,应该是反思如何在当代的大环境中延续传统民居健康、生态的思想价值,创造和谐的人居环境,而不是仅仅停留在如何翻新、如何改建的层面。

5.5.1 传统聚落面临的问题

伴随着城市化水平和居民生活条件的不断提升,人们的生活发生着翻天覆地的变化,但是在这个过程中,乡土建筑却一直处于相对弱势的地位,乡土建筑的可持续发展不明显,甚至正在削弱,这其中的文化传承也日趋不明显。在与城市相距较远的郊区、山区,一些有着较长历史的传统民居正处在消失的边缘,原来依托于自然形成的传统聚落、传统民居,也正在一步一步走向颓败；与之相对的，还有这样一群传统民居，虽然没有衰落，但是却进行了彻底的商业开发，发生了翻天覆地的变化，披着传统建筑的外衣，其内在的文化传统已经被阻隔。

在城镇化快速发展的过程中，钢筋水泥的新民房正在逐渐替代原本清新、自然的古聚落，不同地域的乡村却有着千城一面的风貌。在城市的疯狂扩张、生态的严重破坏、科技的高速发展中，民居自身的发展越发让人困惑。

1. 城市化与传统民居之间的矛盾

城市化也称为城镇化，是指随着一个国家或地区社会生产力的发展、科学技术的进步以及产业结构的调整，其社会由以农业为主的传统乡村型社会向以工业和服务业等非农产业为主的现代城市型社会逐渐转变的历史过程。城市人口越来越多，城市规模越来越大，城市人口占据总人口的比例逐年增加。城市化进程对于传统民居的空间完整和文脉延续带来了巨大的影响。

随着城市的扩张，传统民居存在与发展所依附的自然环境正在遭到破坏。农村耕地不断的被侵占的同时，农业经济的发展直接受到影响。主要表现为下面几方面：

（1）生态环境遭受破坏

古时候，人们建造房屋时遵循因势利导的原则，尽量将对环境的破坏减到最小，——城市中所稀缺的正是这种天然的生态处理方式。相反，现代化城市中人工环境的打造，消耗大量能量的同时对生态环境也造成了不同程度的破坏。城市化进程带动了经济的发展，也带来了很多的环境问题。土地荒漠化、水污染、能源危机，等等问题，严重威胁着传统聚落和民居的生存环境。

（2）人口转移失去平衡

现代工业需要更多地劳动力，大批的农民不断地涌入城市。原本具有较大规模的大屋或聚落，如今变得人烟稀少，大部分的青年人选择进城务工，留下来的都是一些老人，大量具有精妙建筑艺术的房屋逐渐荒废。人口向城市的大批转移使得传统社会里居住主题发生改变，打破了原本稳定的聚居形态。传统社会的民居居住者的人员构成比较宽泛,包括官员、文人、农民、商人等。其中有成就与威望的人往往对聚落房屋的建造形式起着决定性因素。举个例子,我国通山县清代官员王明璠的府第是他从京城还乡后建造的,其中用到了很多京城中当时很先进的建造技术,像大夫第中的滚龙脊造型就很具代表性,它使得房屋极具气势,具体做法是将房屋的屋脊处理成一个连着一个的半圆形,引来周围乡民的竞相模仿,最后这种建筑形态呈现在了整个聚落。可以看出,当时民居形态的发展与变化深受聚落中大的文人、官员的影响。

(3)隐形城市化逐渐加剧

如今农村的面貌在新农村建设的推动下发生了显著变化,随着楼房的出现,街道路面的硬化,照明设施的普及,以及公共服务设施的建设,农村与城市间的距离在不断地缩小。因其在内涵上与城市化一致,我们可以将这种不是统计意义的城市化称为隐形城市化。乡土建筑与乡土文化之间本身存在着紧密的联系,人们盲目简单的模仿城市的建筑风格,建造出的"小洋楼"可谓是千奇百怪、风格混乱,这样居住文化就成了表象。

2.现代科技对传统民居演化的推动

科学技术作为第一生产力推动着社会向前发展,传统民居的演化也得益于现代科技的推动,但推动所产生的也全非正面意义。

(1)文化的趋同化

多样与多元化是现代交流手段与交通工具的发展趋势,这种趋势下乡村跟城市有了频繁的互动。接触过程中,一幢幢千篇一律、面目雷同的民居在广大小城市和农村地区中拔地而起,模仿大城市成为趋势。这种造型形式化的新建筑严重破坏了民居的聚落环境,改变了传统民居演进的初衷。

(2)民居生态系统的断档

空调、抽湿机、暖风机等现代化的物质能量由科技带给了传统民居,这也使得传统民居偏离了它原有的进化轨道。气候、地理、环境等外部因素原本在营造中起决定作用,现在变得不再重要,已经被现代材料的表现与现代科技的使用所取代。

（3）民间建造技艺的流失

当今社会,新的建筑材料被不断发现与应用,建造工具越来越先进,施工方式越来越便捷,这样就使得房建工程的难度不断减小,已没有给具技艺高超的老匠人们发挥才艺的舞台,营造技术随着他们的离开成为了历史。不同地方的工匠具有不同的水平跟素质,这就导致了地方民居进化与变异的样式五花八门。

3.传统聚落与现代居住理念的矛盾

传统社会里的人居关系追求人与自然的和谐发展,优美的山水环境之中散布着特征明显的地域建筑,这景象好像水墨画卷般给人清新自然的体验,画卷中的美好传递出万物生长的规律,熏陶着勤劳质朴的乡民。

我国古代社会里,很多文人墨客都描绘过这种生活意境。其中王维的田园诗中表述了很多这样的场景:"桃红复含宿雨,柳绿更带春烟。"（《田园乐之四》）"漠漠水田飞白鹭,阴阴夏木唯黄鹂。"（《积雨辋川庄作》）……"雨中春草绿堪染,水上桃花红欲然。"（《辋川别业》）"园庐鸣春鸠,林园眉新柳。"（《城南别业四首》）……"屋上春鸠鸣,村边杏花白。"（《春中田园作》）……"明月松间照,清泉石上流。竹喧归浣女,莲动下渔舟"。他将溪水、明月、翠竹、花鸟的画面描述得优美清静,使人仿佛看到了一派和谐自然的田园生活景象。这种人与自然和谐共生的相处方式集中体现了传统聚落的居住理念。

在传统与现代的互相交锋过程中,传统民居中蕴含的人与环境的相处共生之道渐渐被人们淡忘。融入现代生活的居住理念之中的是高效率的工作方式,高消费的生活水准,高享受的居住条件,这给传统的田园式栖居造成了巨大冲击。居住理念上很容易呈现出两种极端倾向:

（1）固守传统

体现在传统的建筑形式被一味的照搬，并被单纯的符号化。我们可以从两方面来理解这种符号化，一方面这种符号象征着地域性居住文化，符合人们长期来的审美要求；另一方面它起到了反作用，对纯正建筑语言的使用产生了干扰，规定和影响着人们的社会心态，抹杀了建筑的个性。

（2）割裂传统

受现代文化冲击跟现代居住理念驱使，乡村里出现了以铝合金窗户，多层平屋顶，外墙瓷砖贴面为主要特点的新建筑。这种形式简单的现代建筑在一派田园景色中显得突兀而孤立，原因是它建筑形式的简单套用。只有文化本体旺盛才能减轻外来文化、现代理念对地域性特征的影响。面对传统观念与现代观念的分歧，既不能固守传统也不能盲从现代，最终的解决办法是寻找到互利、共赢的方式，这样良性的循环模式才有可能形成。

5.5.2　传统聚落的可持续发展途径

城市是一个有机的整体，它的每个部分都需要合理的运转。对传统民居的保护不能只停留在外观与形式上，满目的翻新会掩盖其中的历史信息，生态栖居体验更无从谈起。

1. 传统民居的绿色再生方向

现代建筑的产生与发展经历了近一个世纪，现如今人们开始呼吁要寻回被现代建筑疏远或抛弃的温馨家园。对建筑中的人文关怀进行反思后，人们提出了"诗意化栖居"的口号，渴望回到唐宋诗人所描绘的人与自然静谧相处的田园美景中。翻开中国几千年的历史画卷，传统民居中的和谐美感一直在影响着居住于其中的人们。

传统聚落在不断发展与演进的过程里逐渐融合到地方环境的生态系统中，成为其中的一个组成部分。这种与环境的平衡关系使它具有了"绿色建筑"的意义。

传统聚落的"绿色"再生意指，以环境保护和可持续发展为指导思想,对民居的各个方面做出全面的认识,从民居生存发展的整体生态环境出发,以适宜的科学技术为辅助手段,对民居的有序进化作出帮助。其中包含有以下几个关键:

①对传统聚落的保护应以发展的眼光来看待,进行保护工作前应对文脉进行充分的了解。只是停留在表面上的单纯粉饰翻新,无法解读出民居中的文化延续性。

②对聚落的保护要将技术手段与自然环境相结合,因地制宜,充分合理利用地方性的建筑材料,利用洁净能源,尽力将对资源的浪费和环境的污染减到最小。关注民居内生活品质的同时也要注重提高民居生存的大环境。

③生态学中有"和谐、有益、高效"这三项基本原则,对农村生态系统进行保护的同时,并对城市生态系统产生正面的影响。农村与城市两大生态系统是一对矛盾体,只有将两者能量互为补充才能达到良性循环。

聚落的"绿色"再生依靠民居的自身发散式的演进无法完成,脱离传统根基的重建也是行不通的,需要在正确生态观念的启发下,延续其可持续发展精神的本质。

2. 传统民居与生态环境的可持续发展途径

人类生存发展的需要与自然资源的消耗存在矛盾,如何缓解这种矛盾是可持续发展的核心问题,即是如何使我们现在的消耗不会危及到我们后代的需要。1992 年联合国环境大会上签署的"地球宣言",具体地讨论了可持续发展的种种问题。这意味着可持续发展已经成为人类社会需要共同追求实现的目标。可从以下几方面具体实施:

（1）资源节约型发展模式

占用资源少,一方面在投入端减少对资源的输出,另一方面在过程中减少对资源的消耗。可从用地节约、用水节约、用能节约三方面着手。

节约用地:不能盲目地追求过大的居住面积,应该是按照实际的需求。建设规划要按照循序渐进、节约土地、集约发展、合理布局的原则,科学确定定位、功能目标,在有限的空间中创造舒适的环境。

节约用能:节能的理念要深入规划住宅的过程中,各方面都要站在节能的角度。一方面减少对不可再生资源的消耗,另一方面注重新能源的开发。

节约用水:推广家庭中节水器材的使用。拿水龙头举例,目前农村里普遍使用的还是铸铁水龙头,这种水龙头不但易漏水,而且还容易生锈污染水质,应该尽快被节水型水龙头替代。

(2)大力发展生态农业

生态农业是以生态学理论为主导,运用系统工程方法,以合理利用农业自然资源和保护良好的生态环境为前提,因地制宜地规划、组织和进行农业生产的一种农业。作为一个农业大国,我国绝大部分农村地区的经济组成是农业。可以看到,农业生态系统包含传统民居生态系统,为了从根本上改变民居的生存环境,改善居民的生活质量,提倡大力发展生态农业不失为一条有效途径。

在20世纪60年代,生态农业就作为"石油农业"的对立面被提出来了,半世纪的发展中,取得成绩的同时也存在一些问题,若不妥善解决势必制约生态农业的发展。问题主要包含以下几个方面:

①理论基础不完备:生态农业作为综合了农业、林业、畜牧业、渔业、资源科学、环境科学以及社会科学在内的多种学科的复杂系统工程,内部形态构成非常复杂多变。目前大部分农村地区采用的研究和实验方式都比较单一,缺少理论基础作支撑,普及工作跟不上,使得无法对整体进行综合考察与分析。所以,政府在政策上就应该鼓励更多的专业人员投身其中,从科学角度对它进行综合优化。

②技术体系的不完善:在农村,大多数生态农业的产业结构是不太合理的。对技术的引入速度又很慢,对资源的转化的效率也比较低。实践中,农民缺乏经验和理论知识来对整个生态系统

作出合理的设计。

③产业化水平不高:现存的生产资料市场的具体规模往往都比较小,缺乏必要的设备设施,缺少素质比较高的管理人才,市场中的管理制度也有待完善,这些凸显了我国农业市场结构的不完善。

④推广力度不够:政府的支持对生态农业的普及和发展起着很大的促进作用,但从现在看来其推广的鼓励政策与褒奖机制仍显不足,我国大部分乡村中仍普遍存在自然资源非合理化利用的现象。生态农业所产生的效益短期之内不可以见到,要想发挥其长远可持续发展的生态优势,政府必须在加大宣传与投资力度的同时建立起相应的保障体制。

(3)建筑师的关怀与引导

回顾传统民居的发展历程,其演进的步伐显得分散又缓慢,没法与城市工业化大生产的快节奏相比较。究其原因站在短期的经济角度看,受到各地区经济发展水平的限制,民居的保护工作没法跟城市建设一样有着高效、高收益的回报,也因此建筑界尤其建筑师对它并未广泛重视。当代的乡间民居多是由各家各户自己选择建造,由民间的小型施工队组成施工方,在没有图纸主要依靠工匠的经验下进行搭建。所以,这种按"城市标准"建造的千篇一律的民居建筑群在农村地区随处可见,对环境产生了巨大的影响,其一部分原因在于缺乏建筑师的关怀引导。

我们应该看到,可持续发展目标的实现和对传统民居及生态环境的保护很具难度与挑战性,需要建筑界与文化界进行亲密的合作,有意识的引导传统民居的演化,以现代先进技术手段辅助其保留文脉、生态发展。

查尔斯·柯里亚在印度素有"人民的建筑师"之称,他的设计理念深植于印度本土环境中,他认为:西方国家的建筑师对房屋内采光通风的控制越来越依靠机械技术,但印度的国情不允许这样,优秀建筑的空间形态应该反映所处地的自然环境。依照他的经验,相较于高造价与先进技术,建筑不能仅停留在空间的设计上,它应该回应传统文化、地域性气候条件以及人民对生活的实际需求,保护人们需求和尊严。所以,希望能有越来越多的建筑师参与到对我国传统民居的保护与再生的工作中来。

5.5.3　生态适应性的建筑设计策略

美国学者、国际生态城市建设理事会副主席理查德·瑞吉斯特(Richard Register)《生态城市》一书中关于中国的现代化建设与发展,他写道:"当下的中国正处在城市大规模投资、大规模建设的关键时期。这也是中国寻求发展的好机会,其他国家都在发展汽车社会,而中国另辟蹊径,以一种对自己的人民也对这个美好星球上其他生物负责的态度去建设生态城市,使自己变得更强大,更聪明。中国不仅有思想基础,有实证经验,而且也有能力和潜力去改变这个世界,这个思想基础就是中国 5 000 年来积淀的天人合一的人类生态观和儒释道诸子百家融合一体的传统文化;这个实证经验就是中国传统农耕村社朴素的自力更生传统和风水整合,阴阳共济的乡居生态原则。"现在社会的共同理想就是建设美好的生态城市,而中国传统聚落的营建体系完全可以作为生态城市建设的借鉴成果。

1. 传统聚落中蕴含的生态建筑经验

在长期的发展演变过程中,传统聚落的形态格局、建筑结构、平面形态和装饰灯层面积累了较为丰富的生态建筑经验。对这些好的经验进行研究和提炼,对于民居建筑在现代社会的再创造具有很大的借鉴作用。传统民居在技术层面的经验主要有以下几个:

(1)防热降温经验

我国南方的民居,其中也包括湖北南部地区的民居,建筑布局上采用中庭、天井、廊道相结合的方式来组织空气流动达到通风降温放热的目的。其中较为常见的是"天井式"住宅,这些大小不等的天井一方面可以作为引风口,另一方面也可以是出风口。通过天井可以引入气流,与门窗之间形成对流,即是我们常说的

"穿堂风";在天气炎热的时候,热气压通过天井上升扩散,致使室内降温。

天井院是利用建筑空间的布局达到被动降温的效果,除了这种方式之外,还可以通过增设一些小的构件主动的降温防热。比如在屋檐上挂设竹帘,这种竹帘可以随意卷放,或者是在天井院子的上空铺设天斗等。这些做法都是人类在长期的建设实践中总结出来的成功经验,而这些经验并不是一成不变的,也是要根据不同的气候条件和环境条件做出适应性的调整。

（2）防寒保暖经验

在我国的气候特点中,天气寒冷时期低温与人体的温差,往往要高于炎热时期高温与人体的温差,因此寒冷相比于炎热,对人类的威胁更大,人类要想好好的生存下来,抗击寒冷的能力一定要具备,防寒已经成为人类生存的必要品。

石板岩地区位于河南省的北部,冬季气温较低但是强度上还是没有北方的寒冷。在民居上的防寒措施主要体现在减少外墙等围护结构的空气对流,例如在外墙上尽量避免开窗或者开设很小的窗户,减少冷空气的渗透,虽然被动的达到了保温的效果,但是却牺牲了建筑的采光。在冬季寒冷的北方地区,他们常常采取的保温措施是增加外围围护结构的厚度,控制建筑的体量等。

（3）材料运用经验

传统民居的建筑形态丰富多样,建筑材料往往都是就地取材,因地制宜,多运用木、土、草、石以及砖瓦这些原生态材料。建筑在使用这些材料的同时,常常将一种材料的优良特性发挥到极致。如由于土的导热系数小、热容量大,因此可以用土作为建筑的围护结构,有了冬暖夏凉的效果;由于木材便于加工,铺展性较好,可以用木材作为结构支撑主体,达到轻巧精致的效果;另外这些材料都是大自然的产物,无污染、生产加工简单、能耗低,在达到一定的使用周期以后,又可以物质能量的形式回归到自然农田中。

（4）结构构筑经验

在上千年的演变过程中,传统民居积累了大量的建筑构筑经验。其中木构架结构体系在我国的使用尤为普遍,现在依然保留着较多的木结构民居。木构架结构体系以榫卯作为连接点和固定点,将墙体、梁、柱组合成为一个完整的结构体系。木材本身就比较轻便,所以木结构的民居又具有应对变形和位移的能力,这一点在对抗地震力时表现的尤为明显。木材等天然材料也并不是适用于所有民居形式,也是有很多缺点的。所以在适应传统民居建筑结构的基础上,延伸并发展出一些新的做法来修饰和弥补其性能上的不足,往往正是因为这些小的构件和做法,使得民居形式独树一帜、与众不同,同时又具有明显的地域特色。

2.农村生态居住环境的设计方向

在我国,传统民居在农村地区占据很大的份量和数量,现代的技术和科学对他们的影响也是翻天覆地的。我国传统民居的基数大,所以未来它们的发展方向不应该是单纯地区模仿现在建筑形式,而应该结合我国的实际情况,根据自己不同的地域文化特征,因地制宜的学习借鉴,在满足现代人居住需求的同时也要与传统文脉相结合,有针对性的对不同地域内的民居进行改良和再生。

传统民居作为一个集合人类生产、生活、居住等多方面要素的综合生态系统,具有独特的生态特征和空间特征。这些特征的形成过程,同时也是一个设计过程,这些设计来源于民居所处的地域条件,源于人们在日常生活与实践过程中的经验。因此,要从生态角度去设计民居的话,可从以下几个方向入手。

(1)关心与尊重自然环境

建筑作为环境的附属品存在,在进行设计之前,要对建筑周围的场地环境要素进行充分的考虑,这些要素包括地形条件、山川植被、建筑的朝向、布局等。同时也要考虑节省能源,建筑本身所产生的能耗对自然界也造成了很大的影响,因此降低建筑能耗也要作为民居设计的优化目标。太阳能、水能、风能等无污染、可再生资源属于清洁能源,如果能在民居建筑中合理的与现代材料、技术相结合,不仅可以降低建筑能耗,也可以降低建造的成本。

（2）关注平民使用者的需求

注重传统与文脉的延续与发展，在建筑空间中注入文化、习俗等要素，使传统文化的精髓得以延续，为平民使用者创造出他们所熟悉与能够接受的生活空间；在尽量减少能耗的同时，也要保证环境的舒适性，同时创造良好的光环境和声环境，为使用者创造一个安静宜人的居住环境；保证房屋自然采光的前提下，建立良好的隔音体系，创建良好的通风对流与自然的空气循环系统；提高生存环境的卫生标准，减少疾病侵袭，同时提高建筑的安全性与防灾、抗灾能力。完善通讯与信息流通系统，使民居生态系统可以方便快捷地与外界交流通信。

（3）多专业的配合与支持

农村的生态环境是一个复合生态系统，单一学科难以完成农村生态环境的再生，只有协同多学科、多专业，才能完成整个民居的设计进程。民居在长期的发展中一直受到历史条件的局限，在建造初期，由于资源、技术有限，导致建造的技术水平普遍较低，一般情况下建筑师很少去接触这类民居，这也是民居发展的重要阻碍之一。因此，呼吁多专业、多学科之间的相互协作和配合，旨在希望更多的专业人士加入到民居研究与建设的队伍中来，不同学科、专业的人，看问题的角度是不一样的，针对不同的细节作出全面的研究和更加优化的设计，提升居民的绿色环保意识，最终实现对民居的优化设计和可持续发展。

5.6　国内外聚落的实践更新策略对石板岩的启示

5.6.1　国内聚落更新的技术路线及实践

建筑是一个技术集结体，是人类文明及进化在可见形态中的技术塑造。对于建筑技术，通常有两种划分方式：一种以经济含量的多少以及技术难度的高低为标准，分为高技术、中间技术和低技术。高技术大多采用新型材料和先进技术,效果好,效率高,虽然常常一次性投入大,但往往在运转周期内平均成本较低;而低技术是指低成本和低难度的技术,多开发或采用乡土的传统地域技术,技术简单且对环境的负面影响小;中间技术是针对特定社会环境而言的技术难度和经济成本适合的技术,在大多数情况下,中间技术不会是单纯的高技术或低技术,而是经过成本效益综合比较后整合的产物,是将现代高技术与乡土民居建筑中的技术结合的多层次技术的综合运用。经常听到的"适宜技术"①提法,从概念内涵到技术内涵与中间技术相似,没有本质区别。都主张通过相应技术以达到保护生态环境,提高能源、资源利用率,创造舒适的生存环境为目的。

1. 高技术

这一趋势主要是指发达国家的建筑师如:诺曼·福斯特、理查德·罗杰斯、伦佐·皮亚诺、麦克尔·霍普金斯、尼古拉·格雷姆肖等所采取的技术路线,即注重利用技术含量高的现代技术,侧重于技术的精确性和高效性。他们也有吸取传统建筑在材料使用与自然采光和通风处理方面的优点,通过现代高技术手段建立"建筑与自然资源环境"之间的最优配置。伦佐·皮亚诺的特吉巴奥文化中心(Tjibaou)(如图 5-1),走的就是这个方向。

特吉巴奥文化中心位于南太平洋岛国法属新卡里多尼亚的一个半岛上,文化中心以该岛国和平独立运动领袖特吉巴奥的名字命名。1991 年在国际设计竞赛中由伦佐·皮阿诺中标,皮阿诺从当地的棚屋受到启发提炼出其造型精华——木肋结构,木肋向上收束造型酷似当地人住的棚屋。中心的主体由 10 个大小不等被皮阿诺称之为"容器"的单体一字排开形成三个"聚落",每个容器都有一个功能主题,相互以廊道相通构成整体。"容器"平面呈

---

① "适宜技术"是当代的先进技术有选择地与地域条件的特殊性相结合,同时提倡改进和完善现有技术。

张彤. 整体地域建筑理论框架概述. 华中建筑,1999.03. P24

圆形,像是尚未编织完成的竹篓,而 10 个容器排在一起,远远望去,在蓝色海犬背景下犹如一群土著人在舞蹈,而舞蹈正是卡纳克斯文化最主要的表达方式。建筑的剖面设计使海风从下部吹入并从屋顶排出,改善了室内的通风环境,高挑的木肋在海风中发出鸣鸣的响声。文化中心虽然是用来自世界各地的现代材料建造的,但最终表达的仍是传统文化,因而得到当地居民的认可。

鸟瞰

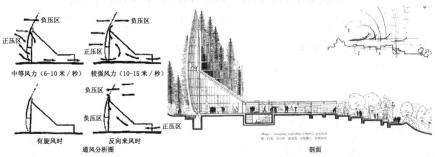

图 5-1　特吉巴奥文化中心

图片来源:伦佐·皮亚诺建筑工作室专辑. 世界建筑导报,2000. Vol.71.NO2

2.中间技术

1973 年,E·F·舒马赫在《小的是美好的》一书中提出了中间技术的概念。作者认为,对于广大不发达的第三世界,真正需要的技术应具有以下特点:价格低廉,基本上人人可享用;适于小规模应用;适应人类的创造需要。在过去几十年里,以印度、埃及等国家为代表的许多发展中国家的建筑师,在这一原则下进行了大量的研究和实践,不仅有对新技术、新材料的充分利用和表现,更有一批对传统建筑材料与地方技术进行重新挖掘与利用的优秀实例,其中中间技术以其造价低廉、注重民俗习惯、使用当地材料适应地域气候等特点而得到广泛关注,在改善建筑环境上起了重要作用。

(1)埃及 哈桑·法赛(Hassan Fathy)

埃及和中国一样,都是人口众多、气候条件苛刻的第三世界国家,经济、技术并不甚强,这对建筑师来说是挑战,更是机遇。在这种发展背景下,法赛在设计中充分考虑现实经济条件、技术条件,利用地方材料、传统技术的优势,在建筑形式、空间、布局和构造上选择性地吸取传统建筑的生态经验进行再创造,有效地改善了建筑环境。在具体的方法上,法赛主要借助现代物理学、人体科学以及相关学科的成果,如材料科学、生理学等,对传统技术进行重新评估,进而提出改进、更新传统技术的设计策略。法赛从影响建筑微气候的七个方面:建筑形式、建筑方位、空间设计、建筑材料、建筑表面肌理和颜色及开敞空间的设计,分别对传统建筑设计方式进行了评价,并提出了相应的发展设计策略。如:从建筑细部设计研究的角度出发,法赛深入比较了百叶窗、遮阳构架和传统木板帘的特点。(如图 5-2)

	百叶窗	遮阳构架	木板帘
功能	遮阳 通风 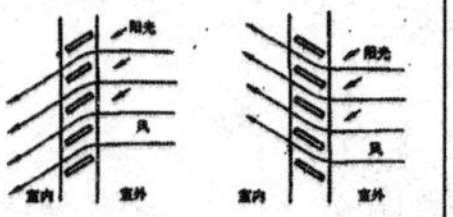	遮阳	①控制光线的射入 ②控制空气的流动 ③降温加湿 ④保证私密性 
特点	板帘有一定的遮阳和导风的作用,但有时难以获得令人满意的调整辐射和导风的效果。例如:如果为了遮阳,那么会将气流导向屋顶;如果将气流导向人体所在区域,那么阳光会射入室内。	正确设计的遮阳构架最多可以将由于阳光入射而产生的蓄热量减少至原来的1/3,这种效果还不够。遮阳构架的另外一个不利之处是遮挡视线。	细小的格子有三个特点:①反射直射阳光,漫射部分阳光;②遮挡外部视线的同时,不影响室内观察室外;③木板帘采用的木头,可以吸收、保持和释放一定数量的水分。

图 5-2　法赛对百叶窗、遮阳构架和木板帘的比较

图片来源:作者整理

在实际的技术策略上,法赛主要针对以下几个方面的内容来采取措施:

①重新启用了弯顶以降低对太阳辐射的吸收。

②利用土坯砖来减少日差较大的影响。

③设置内庭院与屋顶敞廊降低建筑周围的温度。

④修正了捕风窗的设计,加大捕风窗面积并在其中设置湿布以加大室内空气的流动。

这些在其设计的 Dariya 住宅里均有体现,Dariya 住宅是在沙特阿拉伯联合国的实验项目,房屋围绕庭院建成闭合结构,形成了大量阴影,屋顶可用作睡眠休息区。穹顶塔、高低窗洞有利于空气的流动,并形成独特的建筑风景,厚重的泥土墙挡住了酷热的气流和太阳辐射,并与周围的环境浑然一体。炎热的有硬质铺装的院子与凉爽的有植物覆盖的院子之间的温差,引起空气的对流运动,风穿过矮墙和透空隔墙,给庭院带来阵阵微风。(如图5-3)

外观　　　　　　　　立面　　　　　　　　通风窗

图 5-3　法赛设计的 Dariya 住宅

图片来源:周曦,李湛东.生态设计新论.南京:东南大学出版社,2003.2.P42—45

(2)印度 查尔斯·柯里亚(Charles Cornea)

与哈桑·法赛一样,查尔斯·柯里亚也是从地域特征显著的传统建筑技术中提取精髓,充分利用传统材料和传统构造的长处,适应当地气候条件建立了一系列建筑空间和形态的语汇。所不同的是,哈桑·法赛侧重于从构筑形态入手,主要对穹顶、遮阳构件等进行充分利用和改进;柯里亚则侧重于从空间形态的转变和转换入手,针对不同的气候创造不同的空间形式。穹顶和土坯砖是哈桑·法赛建筑作品的主要特征,而"开敞空间"和"管式住宅"则是查尔斯·柯里亚建筑作品的主题。柯里亚认为"开敞空间"所形成的有阴影的户外或半户外空间非常适合干热地区公共建筑,他在印度巴哈汶艺术中心(Bharat Bhavan)(图 5-4)的设计中,利用基地自然的等高线形成一个个不规则的平台花园和下沉式庭院,周围分散布置文化设施,形成有阴影的、空气通畅的公共活动空间,着实创造了一个清凉世界。而"管式住宅"则是与"开敞空间"概念相反的命题,它的主要做法是将住宅封闭,形成内部屏蔽空间,以挡住炎炎赤日的照射,同时住宅内部剖而构成类似烟囱的通风管道以形成持续不断的自然通风。在帕里克哈住宅中,分别为夏、冬两季所设计的不同剖而被巧妙地结合在同一个连续空间中,成功地创造了微气候环境,如图 5-5。

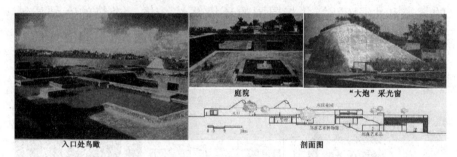

图 5-4 巴哈汶艺术中心

图片来源:汪芳. 查尔斯·柯里亚.北京:中国建筑工业出版社,2003.09. P54

柯里亚的作品遍及印度大多数邦,与当地气候相适应成为他考虑的主要因素之一,并响亮地提出了"形式追随气候"。他在气候设计上寻找到一种承传文脉的理性思路,而不是符号的借取。根据各个作品所处地域环境以及调节气候的设计特征,其建筑空间可以分为四种主要类型:

①干热气候区(西部沙漠地区)——封闭内向露天庭院。

②夏热冬冷气候区(西南部毗邻阿拉伯海地区)——管式住宅。

③夏热冬暖气候区(南部地区及滨海地区)——开敞露天庭院。

④温和气候区(中北部地区))——气候缓冲层。

(3)瑞士 提契诺学派(Ticino school)

瑞士南部的提契诺地区的传统建筑具有双重文化的影响:一是其所处阿尔卑斯山区的乡土传统,包括木构工艺和跟复杂多变的地形相呼应的缘地性;二是来自相邻意大利北部"隆巴底文化"的直接影响,包括悠久的砖石工艺传统和 20 世纪意大利理性主义建筑的理论和实践。20 世纪 50 年代以后一直至今,提契诺地区的建筑师进行着持续的地区性建筑实践。

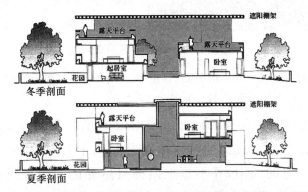

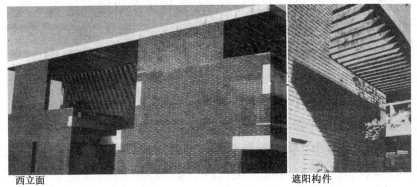

图 5-5　帕里克哈住宅

图片来源:汪芳. 查尔斯·柯里亚.北京:中国建筑工业出版社,2003.09. P109

奥利欧·加尔费底(Aurelio Galfeti)、吕基·斯诺兹(Luigi Snozzi)和马里奥·博塔(Mario Botta)是提契诺建筑师中的代表。博塔是其中最具影响力的现代建筑大师,他认为,"流行的风潮应根植于对地区传统的深层理解",并提出了"建构场地(building the site)"的缘地性思想。在他的作品斯塔比奥独户住宅中,优雅精致的砖石表现,承袭了隆巴底地区悠久的砖石工艺传统,无论在砖的工艺性能、美学潜质以及整体空间的关系上,都更具表现力,如图 5-6。

图 5-6　斯塔比奥独户住宅

图片来源:马里奥·博塔的作品与思想.北京:中国电力出版社,2005.07

（4）台湾 谢英俊及其"永续建筑"

永续建筑（Sustainable Construction）的字面意思,是可持续发展的营建活动。人类的营建活动总是离不开对自然的改造,只要不超过一定的阈限,并不总是损害自然界的。但超过这个临界点之后,自然资源就会迅速枯竭,人类和工业也随即迅速衰败,世界被污染所控制,地球再也无法居住。这是非常严重的灾难的开端。针对这种灾难,1998 年国际建筑与营建研发联盟（CIB）集合相关研究单位在《21 世纪议程》原则下,拟定永续建筑的架构。这个架构指出人类的营建活动,除了绿色建筑所涵盖的保护生物多样性、保存自然资源、将废弃物资源化、节约能源等技术问题之外,还要面对城市、乡村的各自现实,面对经济限制造成的弱势群体、面对社会公平与地域文化议题、面对环境品质议题等,如图 5-7。图中显示的是传统营建活动要思考的因素,时间、成本、住宅品质等;中图显示的是绿色营建活动要考虑的因素,生物多样性、资源可持续性、废弃物排放等问题,特别是关于绿色建筑有很好的针对性措施;下图显示的是永续建筑的价值观,即除了前二者涵盖的因素之外,人类的营建活动还要使社会平等和文化多样、经济和政治弱势群体、良好自然环境品质得到永续。这个概念把社会、经济、文化等无形环境带到绿色建筑的视野中,并且强调这类无形环境与自然界物质环境同等重要,二者在相互作用中才得以永远存续。

传统建筑关注的因素

绿色建筑关注的因素

永续建筑关注的因素

图 5-7　永续建筑理论

图片来源:http://www.51goushu.com

　　台湾建筑师谢英俊先生在"永续建筑"理论层面下的建造实践中大量运用了中间技术。2004 年谢英俊先生来到晏阳初[①]乡村建设学院[②],把在台湾使用的木造粘土墙体技术加以改造,应用于建造翟城村地球屋 001 号(如图 5-8),"地球屋"001 号是谢英俊先生在大陆为北方农村设计的第一所木结构的示范农宅,2005 年3 月开始,建于河北定州晏阳初乡村建设学院校园内。翟城村的传统住宅,一个采暖季烧炕,消耗约 1 吨煤。低收入户所采用的砖混结构,较少使用水泥,只在中部横墙顶用钢筋混凝土梁,其余墙体用粘土砌筑,墙上放预制板,这种砖混结构在地震时,完全没有抗震能力,翟城村住宅一般是五间,居室仅单面有窗,东西向不

---

　　①　晏阳初(1890—1990 年)四川巴中人,美国耶鲁大学政治学与经济学学士学位。1920 年获普林斯顿大学研究院硕士学位。一生从事平民教育和社会改造。1923 年组织成立中华平民教育促进会,任总干事 C1926 年始,毕 10 年之功,从事定县试验,享誉海内外。1943 年,在哥白尼逝世 400周年纪念大会上,晏阳初与爱因斯坦、杜威等人被学术界列为"世界上为社会贡献最大、影响最广的十大名人"。

　　②　晏阳初乡村建设学院由中国经济体制改革杂志社、香港中国社会服务及发展研究中心(CSD)、英国 NGO"行动援助"中国办公室、中国村社发展促进会农村社区建设专业委员会、翟城村村民委员会和晏阳初平民教育与乡村建设委员会六家单位主办。学院的三个主要工作是培训、翟城试验区建设和乡村建设理论研究。2003 年 7 月,学院在河北省定州市东亭镇翟城村一处废弃中学原址上建立。

开窗,室内采光不够,通风也不好。翟城村农民住宅没有二层建筑的考虑。一般农村子女,长大就要另辟宅基地居住。

建成效果　　　　　　　　　二层平面　　　　　　　　　木框架模型

图 5-8　地球屋 001 号

图片来源:http://www.naturehouse.org

　　地球屋 001 号为三开间、两层楼房,东西向也都开窗;前后进深一间半,居室占南面,厨房和卫生间在北面,楼梯后部是通风采光井。居室、厨房、卫生间三部分都可以从室外直接进入,并在光井处方便联系。西侧居室采暖使用架高的节能炕,因为两层楼,一个厨房灶的热量可以带上下层两个炕,最后通过烟囱排掉。房子通风采光较好,且舒适。墙体填充材料使用麦秸跟粘土的混合物,厚度做到 400 mm。土墙里加木架、斜撑,抗震能力大大增强。关于土地利用,地球屋的设想是,一户家庭,三代同堂,上层住儿子、儿媳,下层住父母,就不用去辟新宅基地。地球屋的构造靠木构架克服荷载,土坯是填充材,是半泥浆半草的组合,木屑、秸秆和草占大部分。土墙做法,就是把木柱包在土里,小的木条和板子,一方面是控制墙面,另外让土很好的结合在一起。建造工艺如下:先搭木构架,包括梁、柱、斜撑、预留门窗洞口、屋顶;木构架施工方式是在地面上组装好,到放线位置就位,校准;然后拌合秸秆、草和泥浆,大概三份草一份泥浆,比例视需要可以改变;最后,装模板一层层填充,不是夯实只是填满而已,然后外面挂上钢丝网作粉泥处理,防老鼠也防止面层裂开。与翟城村传统建房技术不同之处是新技术改造了传统木工艺,形成中间技术,不再使用榫卯连接构造,因为这种构造需要专业经验才能制作。而采用平行组装构造,这对于农村的木工和普通劳动力都是很简单的事情,甚至妇女儿童都是胜任的。如图 5-9。

图 5-9　地球屋 001 号的建造过程

图片来源:http://www.naturehouse.org

（5）中国 刘家琨

刘家琨作为当代中国先锋建筑师的一员,立足于"此时此地"的工作立场和"低技理念"的设计策略,对地域性的建造实践有着持续性的思考。正如他自己所提到的"低技"理念:以低造价和低技术手段营造高度的艺术品质,在经济条件、技术水准和建筑艺术之间寻求一个平衡点,并由此探寻一条适用于经济落后但文明深厚的国家或地区的建筑策略。在其设计的鹿野苑石刻博物馆二、三期中,对页岩砖组合墙体构造的改进,就反应了他对技术的这种态度。

在这个作品中,他希望在石刻的主题下用清水混凝土表现建筑中"人造石"的主题,但问题是如何让毫无经验的农民来现浇清水混凝土。为此,他采用了"框架结构、清水混凝土和页岩砖组合墙"。实际上,这是采用了两种制作工艺——浇筑和砌筑——结合而产生的新的施工方法。这一特殊的混成工艺——采用双层墙体,里层先砌 120 mm 厚的页岩砖,外层后浇 120 mm 厚的混凝土(如图 5-10)。刘家琨在《此时此地》中,介绍了组合墙有 4 个好处:"①先砌组合墙内侧的砖墙,农民可以砌得很直,以此砖墙为内模然后在其外侧浇混凝土就易于保证垂直度。②组合墙内侧采用砖墙并抹灰,在国内事前策划不周密,事后改动随机性大的情况下,有利于主体完成后管线布置的变动。③由于混凝土的"冷桥"效应,这种组合墙体在热工性能上也比单纯的混凝土墙体要好。④组合墙在造价上也比全混凝土墙便宜。"其实,早前在全国发行的《建筑设计资料集》里也收录了这种做法,刘家琨给这种一般性的、权宜的地下和半地下室外壁的工程做法赋予了崭新"地上"建筑的表现力,也可以说,创造性地使用了这一构造做法。

图 5-10　页岩组合砖

图片来源:刘家琨. 此时此地. 北京:中国建筑工业出版社,2002. P111

在刘家琨的另外一个作品犀苑休闲营地设计中,墙面大面积涂刷的蓝灰色墙体和穿插其间的红灰色墙段,取材于当地乡村常见的灰砖和红砖,加以提炼和抽象后进行戏剧性的表现,它突显于灰色的天空和常绿的环境中,使建筑物整体在天空和土地之间取得和谐的关系。长长低矮的卵石墙就地取材,穿插于绿地之间,相对于抽象的大片实墙,这些卵石墙是更具表现性的方言(如图 5-11)。建筑材料选用灰沙,木、石、铁,这些材料也不同程度的进入室内装修。所有这些材料都采用粗作工法,如墙面的粗抹、石料毛打、木材做旧等,选择这类材料和这种工法介于将错就错和刻意追求之间,一方面是在"低技"审美理念下表现手工的痕迹,另一方面也是根据经济承受力和施工水平作出的预防性处理,意在使完成的可能性和完成后的效果不那么脆弱。刘家琨出于对此时此地资源的考虑,找到了自己解决问题的方法,这些方法在当地现实可行、自然恰当,并具有鲜明的个人语言。

图 5-11　犀苑休闲营地的鹅卵石墙

5.6.2　国外民居利用资源和应对环境的建造实践

对于石板岩聚落民居的更新,不能照搬建立在国外较高收入水平上的民居更新体系,应该把目光转向低造价中间技术的民居更新研究,如美国加利福尼亚州土壤研究所(Cal-Earth)、夏威夷竹子技术中心、伊朗建造师 Nader Khalili、加州建造师 Kelly Lerner 等。本节将选择和石板岩资源、气候条件及环境容量相当地区的建造更新实践进行介绍。

1. 袋装泥土住宅

袋装泥土就是装在用纺织物或者塑料制成的一定大小的袋子里的泥土,用来建造房屋基础、墙体和圆屋顶,袋装泥土住宅是地球上最便宜的住宅体系之一。它允许曲线的、令人兴奋的、高耸的建筑设计,有能力去浇铸、弯曲、扭曲和从大自然优美自由的表现吸取灵感,来获得建筑造型。除了能适应各种各样的地段条件之外,袋装建筑还可以更换袋内的材料如袋装砂土或者砂砾等。这种建筑体系对于缺乏粘土或者木料的地区,例如石板岩是非常有价值的。如果建造方法正确的话,袋装泥土墙可以达到非常坚固的强度。如美国建筑师斯蒂芬(Steven Kemble)在巴马哈州朗姆岛建造的岛屿住宅。

(1)巴马哈州朗姆岛住宅概况

在朗姆岛每年的夏天和秋天,任何建筑都必须能经受从任何方向吹来的破坏性飓风;岛上有大量的白蚁,所有的木制品都会受到白蚁攻击;亚热带气候炎热潮湿,住宅需要凉爽的海风吹过,消除湿气;规律性地降雨和能维持好几个星期的高湿度,对于任何采用未处理过木材的建筑,一年内可能就不能用了;强制处理过的木材较耐久,但是强烈的夏日阳光能在短短五年时间内破坏直接暴露的处理过的木材。朗姆岛除了旅游业,几乎没有工业。因此,新项目最大的挑战是,在大部分建筑材料(除了水泥)都必须进口的条件下,探究更可持续发展的建造技术。斯蒂芬经过五年对这个小岛的冬季考察,在研究材料的适用性和进口花销后,决定用充满砂子和碎珊瑚的帆布聚苯乙烯袋来建造一座推动岛上生态学发展的住宅典范。

该住宅平面六边形,直径 1.3 m,建筑面积 85 m^2,占地面积约 200 m^2。用一个四坡顶来躲避严重的飓风暴雨,用二层楼上的一个附属的覆盖物来采集海风。共两层,底层用作公用事业、库房和商店,每边有一个尖的埃及式拱形开口,是为海风而开设的。底层的核心是一个 1 140 升的混凝土雨水蓄水池;二楼面积为46.4 m^2,是卧室和一个优雅的室外生活平台;屋顶包含一个内置太阳能热水器、光电板、通风管道和用来注满蓄水池的水槽。如图 5-12。

图 5-12　岛屿住宅

图片来源:伊丽莎白. 新乡土建筑. 北京:机械工业出版社,2005.2.P292-298

(2)建造

斯蒂芬发展了手工建造用具,如将一个食物托盘改造成可折叠的砂袋支架,刚好适合麻布砂袋,并用罐头盒作为砂子的铲装工具,简化和减轻了劳作密集的建造工序。砂袋墙体的底部

1.2 m 高度使用废弃的装大米的麻布袋,墙体宽 500 mm;顶部 1.2 m 高度的墙体使用通长的聚乙烯管,墙体宽 350 mm。为加固和阻止相邻两层间互相滑动,在每两层砂袋间铺设两条 4 点带倒刺的金属线。手动搅拌并浇铸 350 mm×150 mm 加固混凝土圈梁,一个横穿砂袋墙体的顶部,另一个横穿蓄水池墙体的顶部。然后,当墙体建成的时候,墙体被一层六角形网眼金属网覆盖,用设在砂袋层之间的电镀连接绳将金属网绑到墙体上;还用金属网和聚乙烯将结合梁与砂袋墙体捆在一起。整个砂袋墙体用水泥、石灰和砂子混合的涂料涂抹,用以防紫外线,然后用彩色涂料精加工出可自由维护的表面。将金属板拴到结合梁的顶部,然后搭成横穿砂袋墙体和蓄水池的地板。

(3)利用本地资源

与其他住户砍掉住宅周围矮树丛的做法不同,斯蒂芬留下的大量的矮树丛,能为新栽作物提供保护,能为人们提供树荫,保持湿度,保持生物多样性和保护有益生物的栖息地,并且还能保障个人隐私。整个住宅系统包括大量各式各样的植物如椰子树、竹子和木麻黄树(由可利用废水系统、蓄水池溢水和滴管浇灌),一个终年常绿的花园和一个小型低冲洗厕所化粪系统,以及沼气做饭和热水储备系统。裸露的石灰石要么分布在海滩上,大量采集会破坏海滩防水壁;要么分布在矮树丛深处,收集起来很困难。岛上最丰富和最容易收集到的自然建筑资源是砂子。碎珊瑚中的石灰就如同砂子天然的粘合剂,形成了类似水泥的合成物。

这个项目体现了"传统"建筑理念,让人觉得很坚固,足以应付最糟的咫风、无情的阳光和定期的暴风雨。主要使用岛上容易找到的材料。虽然花费了大量的人力,但是这却是很有效的方法。

2. 竹子住宅

(1)日本传统竹屋

竹制的器具、工具和建筑深深地影响了世界上一半人口的生活。竹子既被用于建造豪华住宅,也可用于建造低成本的住宅和商业建筑。如日本的传统竹建筑通常用竹子做屋顶的椽和檩,然后上面覆盖编织整齐的茅草,其实包括木柱和松木梁在内的每个建筑部分都可以利用竹子来做。这些建筑里,从开敞的壁炉里冒出的炊烟在排出室外之前漂浮过天花板上空,长年累月下来给天花板上的竹子框架涂上一层类似木馏油的薄膜,这一过程慢慢地使得竹子框架变得完全干燥,使竹制天花板框架能够维持超过十年的时间而不腐朽损坏。

(2)隈研吾作品实践

日本建筑师隈研吾先生在中国水关长城脚下设计的住宅作品,给出了竹子全然不同的用法,但从自然资源利用的角度看,是竹子绿色住宅的基本形式。其设计的水关长城的竹屋,通过精心组织与交接,在外观上表现出竹材由线成面的编织肌理,将"编织"这种本来与帘幕、地毯等织物对应的工艺艺术,在建筑上得到了应用。建筑的主体结构仍然采用钢结构和混凝土框架的混合结构,竹子在这里的使用仅仅作为分割空间的手段和不同界面的第二层表皮。对于竹子的构造手段隈研吾没有采用中日传统建筑中较多采用的绑扎办法,而直接套用他惯常使用的木隔栅构造:利用金属螺丝固定在木龙骨或滑轨上。如图 5-13。

图 5-13　水关长城脚下的竹屋

图片来源:http://www.abbs.com.cn/bbs/actions

整个建筑的所有部分均有竹子主题的出现,根据使用性质的变化竹子的表现程度和呈现的状态有明显的区别。建筑的南北外皮均统一在竹隔栅的遮蔽之下,在室内,公共区域、吊顶和几乎所有的垂直元素都有竹这一元素的存在,并采用了同样的构造手段,即同一个平面内均匀排列的竹子彼此不发生关系。相连接的阴角则采用了穿插的办法,竹隔栅的使用均表现出其非结构构件的特征,与其他的界面(包括墙体、屋面、玻璃乃至水面)都保持了距离,突出表现了由竹隔栅形成的整体性及竹子的自然颜色、肌理。这座"编织"建筑不仅仅创造了"实体"的韵律,缝隙间洒落的光影更是将韵律感赋予了整个室内空间。随着光影的移动与变化,本无生命的建筑恍如瞬间注入了灵魂,整个空间变得灵动起来。如图 5-14。

图 5-14　竹屋室内

图片来源:http://www.abbs.com.cn/bbs/actions

3.农作物纤维块住宅

农作物纤维的硅含量很高,纤维长,很难在土壤中降解,因此农作物纤维的处理在很多地区都是个难题。有一种办法可以既不产生污染又能解决农民们头疼的问题,就是用压捆机将废弃的稻草和麦杆制成农作物纤维块,用纤维块建造房屋。加州建筑师 Kelly Lerner 分别在加利福尼亚、蒙古、中国进行了的农作物纤维住宅实践,这里主要介绍其在我国的建造实践。如图 5-15。

图 5-15　Kelly Lerner 在蒙古进行的农作物纤维住宅实践

图片来源:伊丽莎白. 新乡土建筑. 北京:机械工业出版社,2005.2.P3－5－317

1998 年 1 月位于东北部的河北省张北县,发生了一次 6.2 级地震。超过 42 000 间住宅、商店和学校被破坏了,在零下的天气里,无家可归的人们只能生活在杂乱的临时遮蔽物里。ADRA[1]组织邀请 Kelly Lerner 为当地设计建造一座教室,作为一次将农作物纤维块技术引进中国的好机会。Lerner 女士在当地最好的木匠的帮助下做成了手动农作物纤维压捆机,并利用麦穗和稻秆,作出了中国第一块农作物纤维块。下边是她建造这栋教室的情况。

(1)Kelly Lerner 在中国的实践

当地气候潮湿,年平均降雨量 400 mm;冬季寒冷,平均气温 $-15℃$ 左右;当地村民有用乙烯塑钢窗和热虹吸循环供暖系统的。项目计划是在个原有学校的基础上新建一个有三间教室的中学,建筑面积为 230 m^2。木材在当地稀少而昂贵,大梁和檩条需要的木材都从 100 多公里的地方运来;而竹子又只在县里较为潮湿和炎热的地区生长。当地容易获取的材料如何成为整栋建筑使用的主要材料?如果采用这次灾后住宅重建中,所用的无钢筋的砖墙承重陶瓦屋顶的体系,并且在向阳面还要求大开窗,那么新的地震会造成新的建筑倒塌。新教室的结构性能怎样达到 8 级抗震要求?

(2)设计与建造

通过研究,Lerner 女士决定用当地常见的一种双角钢构架代替木材和竹子来建造跨度为 6 m 的教室,钢构架支撑在嵌在墙壁里的双角柱上。合作者工程师 David 的一个简单的农作物纤维块建造体系在 1998 年为一个拱形建筑做的一次非正式的测试中取得了很大的成功,如图 5-16。在张北县的抗震要求下,Lerner 女士采用这种体系的墙体,并和 David 一起设计,给悬挂式纤维块隔热屋顶加入了金属丝网固定装置,从而使南面的墙上也可以开较大的窗口。另外,因为这地区比较潮湿,所以在砖地板下面加了 200 mm 的防水层,用的材料是当地产浮石。

---

① ADRA,是安泽国际救援协会的简称,是为数不多的几个向发展中国家引入草砖房的组织之一。

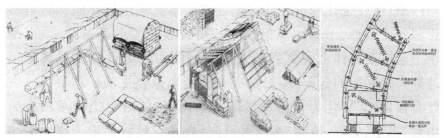

Kelly Lerner 绘制的说明性施工简图   David 为安装压杆设计的剪切装置

图 5-16 纤维快住宅的施工和抗震构造

图片来源:伊丽莎白. 新乡土建筑. 北京:机械工业出版社,2005.2 . P324-325

5.6.3 石板岩聚落民居传统设计的智慧

在讨论这个问题前,首先要明确"传统民居"和"民居传统"是既有联系又有区别的两个概念。传统民居是指目前保存下来的有形的建筑实体,至今还作为乡民住宅使用着;而后者则是以观念形态存在着一种无形的精神内涵。

从对自然的尊崇到对自然的适应,聚落的地方性特征很大程度上就是适应自然生态的结果。梁思成先生对此有精辟的表述:"建筑之始,产生于实际需要、受制于自然地理,非着意创造形式,更无所谓派别。其结构之系统及形象之派别,乃其材料环境所形成。"正是由于各地气候、地理、地貌以及地方建筑材料的不同,造成民居的平面布局、构筑方式、外观和内外空间处理也不同,这种差异性,就是传统聚落地方特色的重要因素,如图 5-17。尽管石板岩聚落民居在利用自然资源和应对环境中形式多样,但通过高家台及益伏口等聚落的分析,发现它们遵循一些共同规律,可以总结为以下两点:

1. 资源要素的整合利用

从资源利用的角度看,当地聚落营建的过程即是挖掘、整合、重组聚落资源,使其在聚落区域范围内价值最大化的过程。整合性是指一个聚落或场地具有多种自然资源,每种资源对聚落的发展起不同的作用,但并不意味着每一种资源都对聚落的发展起导向作用,往往是几种资源通过整合对聚落发展进行导向。将自然资源各要素整合设计,不但是坚持可持续发展的基本要求,也赋予了建筑及群体之间更强的表现力。例如高家台村在对选址用地最大化利用的过程中,更是吸收了当地最充足的矿产资源——红石板,使其转化为当地民居的主要用材,同时也把聚落周边的山景、水景、地形、植物、水系有机融为一体,最终形成了这风格独特,巧妙运用地方材料的"智慧建筑",极具地域特色。

草屋(草)　　冰屋(水)　　窑洞(土)

石屋(石)　　竹屋(竹)

图 5-17　民居的差异性

图片来源:http://www.chinatuku.com

2.自然环境的主动应对

石板岩聚落民居聚落的各构成因子在发展过程中不仅仅是消极被动的改良,更是一个积极主动的创造过程。无论高家台还是益伏口村,它们在选址、朝向、平面布局、空间组合、材料选择上均体现了这种对环境的自身应对。如选址运用风水理念,注重自然环境与人造环境各要素之间的相互关系,以"山环水抱生气"的地方最为理想;平面布局中注重庭院效应,结合绿化冬天能避风沙,获得阳光,夏季又能躲避灼热的阳光,以改善居住小环境;空间组合中侧重群体优化效应,形成良好的巷道通风优势;材料选择上既保温节能,又富有地域特色,就地开采的石板使建筑与基地之间产生联系,具有生长的意象。可见石板岩乡人民在营建自己居住模式的同时,也是对环境做出反应,取长补短,不断创造的过程。

　　石板岩聚落民居中积极的、智慧的传统设计经验是石板岩人民在自然界中长期进化和选择的结果;是对各气候要素如太阳辐射,空气温度、湿度、风、雨、雪等的巧妙应对;是对自然资源如石材、泥土、树木、水塘等就地取材所采用的取长补短的技术措施;是对自然地形、山地峡谷、溪水河流等因地制宜利用时所保有的"天人合一"生态观的体现。这些设计涵盖了遮阳、通风、被动式利用太阳能、决定表面的形式与朝向以及选择地段等等很多方面。这些设计存在着简单的符合逻辑并省钱的创意,比采用机械制热和制冷系统简便而节约。这些节约和综合利用自然资源的思想,值得深入挖掘并体现在石板岩聚落民居更新实践中。

5.7　本章小结

　　本章讲述了国内外民居更新的理论和建造实践,这些理论和实践,并非包罗万象,而是具有某些共同的特点。这些特点就是紧贴石板岩的实际情况,如袋装泥土住宅、竹子住宅、农作物纤维块住宅均与石板岩聚落民居的建筑体系密切相关。结合这些国内外相关理论与实践,通过挖掘石板岩聚落民居传统设计中的智慧,可以更好的思考石板岩聚落民居未来更新的各种可能性。

　　专家们正在认清机械化大生产所造成的严峻后果,在本章所介绍的"中间技术路线"是"便宜的"解决办法之一。如农作物纤维块住宅这类体系可以使废弃的农作物纤维不用燃烧处理、减少对木材的需求、节约水和能源,并且有利于刺激当地经济的发展。同样重要的一点是,这些体系的传统建造过程简单无害,易于分工合作,这对建设社区的和谐环境非常有利。石板镇民居未来更新采用中间技术路线,一方面是因为石板岩经济发展缓慢,居民收入普遍偏低的实际情况,另一方面中间技术更适合我国国情,采用中间技术就能够解决的事情,没有必要花更大代价涉足高技术。当然采用中间技术路线并不是石板岩聚落民居更新的万能钥匙,但是它确实向正确的方向迈进了一步。

第6章 石板岩聚落的保护利用及更新构想

如何保护及利用好传统聚落,使其可持续发展,已成为人们关注的焦点,地方各级政府也对这个问题有了的高度重视。著名建筑学家吴良镛先生曾多次说过:"我们在全球化进程中,学习吸取先进的科学技术,创造全球优秀文化的同时,对本土文化更要有一种文化自觉的意识,文化自尊的态度,文化自强的精神。"聚落可以说是民族文化的根基和源头,历史文化村镇是一定历史时期内相应民族文化的载体,这是一种特定的、不可再生的资源,因此要加强对历史文化村镇的保护和研究意识,这对我国社会、政治、经济、文化、历史、建筑等方面的探索和研究都有着非常重要的意义和不可估量的价值,与此同时,这种资源对社会发展的现实价值及其传承价值也可一并体现出来,为了更好的保护和传承原生态民居,我们要对其进行深入的探索和研究。

6.1 聚落保护与开发的原则

6.1.1 "自由迁徙"原则

古民居保护的第一原则是"自由迁徙"原则。中国古民居传承保护与旅游开发要考虑现实的问题,不能以牺牲居民生活的权力为代价,在开发过程中也要保持人们原有的生活方式,不能一味强调拆迁建设,这会带来众多的问题。保护与开发结合,使古民居的更新具有自身的活力,让人们可以自由选择迁徙,即喜欢在此处居住的人可以进来,不喜欢在此居住的人可以出去。

6.1.2 整体性规划原则

古民居建筑是包括诸多要素在内的统一整体,包括建筑、环境、空间格局以及人文活动等元素,这些元素都与整体有着紧密的联系。在保护与开发中一定要综合考虑各种要素,不能将其分割对待或只偏重其中几个。从另一个层面上来说,对大环境的保护也具有同等重要的影响,只有整体考虑、整体对待、整体保护才能使古民居的保存具有完整性。

6.1.3 永久性原则

保护与开发的另一个重要原则是永久性原则。尽管古民居从其生活功能上来看,被淘汰是必然的趋势,因为无论如何改造它也跟不上人们快速发展的生活居住需求,但它是历史的回忆和文明的延续,因此,必须要确立长远的保护与开发规划思想。

6.1.4 原真性原则

在开发过程中要注意其原真性的保护,其功能的应用、材料的使用都应注重原真性。开发要以尊重历史、保护古民居的历史原貌为主要思想。每个地区都有自身独有的发展历史、存在特点与存在环境,这些内涵在社会生活、风俗习惯、建筑风格等方面得到了很好的体现。古民居旅游资源的保护与开发,在涉及古民居和旧聚落的修缮、迁建、改造方面,要尊重历史风貌,在保持其原真性的基础上进行开发。

6.1.5 动态开发原则

从哲学的观点来看,每个事物都不是静止孤立的存在着,而是处于永久的运动、变化、发展之中。要坚持动态的保护与开发思想,不断地采用新方法、创造新功能,在不改变原有的外部空间及建筑风貌的基础上对古民居进行有益的保护、创新、改造与开发。

6.1.6　渐近式开发原则

在探索中国的古民居保护与旅游开发模式上,我们没有现成的道路可循,要以渐近式开发为原则对古民居的开发模式进行有益的探索,仔细研究、精心设计、分步开发,避免对古民居的历史真实性造成无法挽回的破坏。

6.2　石板岩聚落的保护

6.2.1　石板岩聚落的保护现状

石板岩聚落民居的保存现状大致可分为三种情况:

①居住人群已转移。房屋被闲置废弃,面临即将腐败的境况。这类民居数量比较少,但房屋的腐坏速度较快,腐坏程度相对严重。

②无实际居住人群。这类民居大多通过翻新,改造成为民俗餐馆或旅游观光的景点。所以其居住用途已被改变,民居的居住功能已被淡化。

③有实际居住人群。这类民居数量相对较多,但分布零散且大部分位于交通不便的地区。此类民居的研究基本上呈点状开展进行。

6.2.2　石板岩聚落的保护方法

1. 静态保护

静态保护是指保持古民居在原址的基本形态,即在保持古民居的建筑形态、室内陈设及家具等的前提下,对古民居全部或局部保护两种情况。对那些保存完整的或具有重大历史意义的古民居、名人故居和宗祠等采取完全保护;对于现存的那些依旧起

着居住作用的一般古民居,采取外部修旧如旧,内部翻修一新的
局部保护措施。

2. 迁移保护

迁移保护是指对已经消失的或受到严重损坏的但是具有典
型地方特色和历史价值的古民居,运用传统的建筑装饰材料、施
工工艺、技术手段等在异地重新进行规划设计和建造的保存
方式。

3. 创新型保护

创新型保护是指对传统民居根本的形态元素进行保护,而对
其民居形态和文化语言的表现形式进行创新,运用现代化的施工
工艺和装饰材料,有选择地进行继承和改造。

4. 创意型保护

创意型保护是指保留其民居内涵,创新传统民居中的装饰
元素在现代设计中的运用形式,在掌握古民居的装饰方法、造型
规律及文化内涵的基础上,将装饰的位置或形式进行相应的调
整,如用新材料新形式来表现传统的手工艺或装饰形式,推陈出
新,使现代人们的居住环境既能反映本土精神,又能反映时代
特征。

6.2.3 石板岩聚落的旅游保护

石板岩聚落具有深厚的文化内涵和优越的自然资源,一旦受
到毁坏不可再生,所以在开展旅游规划开发的时候一定要本着
"保护第一,开发第二"的原则,统筹规划。利用民居资源进行旅
游开发,可以为民居聚落提供资金保证,有了资金才可以更好的
为民居提供保护与维修,这样的循环,又可以继续推动旅游业的
发展。但是这种旅游开发一定是在保护自然资源的前提下进行
的,从而形成保护开发并重的良性机制。

文化作为传统聚落资源的重要组成部分,一直都作为旅游的
主要主题。豫北石板岩地区民居资源的旅游开发应该重点突出

乡土文化这一主题,从历史文脉和地理文脉上挖掘深层次的文化内涵,石板岩民居蕴含着丰富的历史沿革、建筑技艺、美学知识、宗教哲理等方面的价值,这里的旅游开发要充分利用豫北山区石板房民居建筑独具一格的优势。

有效的开发利用石板房民居,不仅能够凸显传统石板房民居的文化价值,还可以创造出更深层次的经济价值,这里所获得的资金,一方面可以为民居提供保护与修缮的经济保障,另一方面完好的民居建筑也可以为游客提供更好的旅游体验。所以对石板岩地区开展旅游开发在现实情况下也是比较可行的。

民居建筑资源作为不可再生的文化资源,特色与内涵、民族与个性是建筑文化之本,在美丽乡村的建设过程中,在弄清楚传统民居资源的历史文化价值的基础上,坚持"保护第一,开发第二"的原则,尊重当地的传统建筑风格和地域文化,从而实现人与自然、建筑与自然的可持续发展。

6.3　石板岩聚落的更新构想

6.3.1　石板岩聚落民居更新的必然

社会在发展,物质文明也在进步,变化与更新都是必然的。石板岩聚落民居系统包含石板岩人民对环境的认识和实践,包含着自然和社会环境本身,包含着生产生活对建筑的要求,环境、人、建筑是一有机整体。随着经济的发展、生活方式的改变,在当今人的价值观念与环境都发生着剧烈变化,作为一个有机整体,石板岩聚落民居本身无疑也要做出改变。

事实上,传统聚落的更新,在村民那里一刻也没有停过,传统民居的基本特点是"因地制宜,因材施工",是没有建筑师的建筑。当学术界还在讨论和争论时,有条件、有需要的村民,早就在更新他们的家园了,如图 6-1。

图 6-1　新宅与老宅

图片来源:作者自拍摄

1. 转型期乡村社会变迁对聚落发展的影响

(1)农村生活方式和观念的改变

石板岩地区目前的传统民居基本始于明清两代,明清两代是聚族而居的大家庭生活兴盛之时,但是如今在农村,乡村居民的生活较之以前有了很大的改变。例如从前农家往往晚间饭后与邻居们在门前聊天,现在因录放机、电视机的普遍,则多在屋内看电视,邻里之间的来往逐渐减少。现代生活方式和现代社会的意识形态也通过各种媒介不同程度的为农民所接受。家庭生活行为以及人的思想意识的变化影响到人们的居住方式趋向多元化,住宅室内空间也日趋丰富。为了提高居住质量而需要室内卫生间,储物间,客厅等。在农民的新建住宅中,对于房间私密性的要求也提高了,相应的出现了传统空间中没有的走道空间,新的生活方式带来新的居住空间的变化。

(2)村镇发展

在以前,石板岩聚落民居因石板岩地区经济发展滞后而得以保存,而近年来随经济建设的发展,人口数量的剧增,旅游事业的兴起,传统民居不但得不到应有的修葺、保护,而且为造新房而被拆掉的事情时有发生。许多老房子不论优劣都被迅速从城镇乡村中清除出去,然而新屋易建,地域特色却难失而复得。部分居民以为都市的住宅型态就是进步的象征,首先接受这个价值观念的,往往是经济能力较强的,民众眼看这种当作炫耀财富地位的平顶楼房兴建起来,也希望早日筹钱照样改建;还有些居民不愿意兴建坡顶的住宅是认为坡屋顶缺乏再加建的弹性。

（3）建筑材料的变革

建造住宅对于农民这一经济个体而言，是一个相当大的经济负担。因而，乡村住宅的造价直接取决于住户的经济收入。尽管近年来乡村经济有了飞速发展，但由于起点低，低造价依然是住宅建造的一个广泛前提。面积、材料、工艺都要受到造价的约束。现代民宅建设中通常采用水泥、黏土砖等材料，因其施工简单、成本低廉而成为村民建房的首选。另外，建屋所用的老的工艺、技术也多已失传，掌握传统建房技术的石匠也已难觅得。由此建筑结构、面貌都与从前大相径庭，这些都对当地地域特色的延续造成很大影响。

2. 当前需要解决的一些问题

传统的经济、社会环境下，建筑空间单一而功能综合，对舒适度的期望值低，因而乡土建筑的总体能耗少，而且应对气候之变的调节功能简单原始，另外受技术手段的限制，以前人们将对不利气候的应对寄托于建筑本体之外，主要依赖简单的可以直接获取的能源，如薪柴等生物质能，再就是侧重于对小气候的选择上，比如冬穴夏巢以及风水相地选址。在某些情况下，选择自然舒适气候比构建人工舒适气候更简单易行。古人对冷的防护比对热的防护更得心应手，因为燃火即可生热，而"冷不自生"，人为地制造低温对古人来讲是不可能的。

随着经济的发展，生活的进步，村民们对作为居住之用的石板房提出新的要求也是合理的。通过调研，我们看到了石板岩聚落民居一些令人忧虑的现状和急需解决的问题：①垃圾收集与排水系统不佳，家庭污水、畜养废水直接排入河道，造成部分农田及河水污染；②无适当的垃圾处理方法。因缺乏厕所的排水系统，村内的厕所现基本为旱厕，夏季滋生蚊蝇，诱发疾病。建筑材料、各种杂物缺乏存放场所，长期堆放在村道旁，使得村庄里的道路愈发狭窄。居民自身对聚落急需改善的要求在顺序上主要在医疗卫生、排水（包括饮用水源）、道路与休闲设施四者的改进上最为迫切。

6.3.2　石板岩聚落民居更新思路

对于石板岩传统民居的更新,从传统文化延续的角度出发,它不适合于狂风暴雨式的大拆大建;从目前经济建设、旅游开发的角度出发,也不适合于无声无息式的消极保护与自然演进;相比较而言,走和风细雨式的适宜更新之路似乎是一个可能而又恰当的选择。针对当地客观的经济条件和社会状况,除少数具有旅游开发潜力的民居外,绝大多数传统民居,国家不可能大面积投资改造,开发商无利益也无兴趣。广大居民住房的改善还基于在适用的基础上,如沼气发电、太阳能供热等。其更新模式更多以政策引导、专家指导、居民自建的方式进行。

1.经济、生活方式角度考虑

社会发展到今天,一套住宅上下水、厨厕俱全已是起码的生活设施要求。已经有越来越多的人开始抱怨老房子采光不足,通风不利,缺乏卫生设施,居住不舒适等。因此,从经济、生活方式角度的考虑,对于传统民居进行改造更新主要体现在对民居的居住舒适度的要求上。

(1)选例分析:陕北窑洞枣园村更新规划设计

窑洞是黄土高原一种古老的居住建筑形式,据统计到 20 世纪末仍有约 4 000 万人口居住在窑洞中。窑居蕴含着朴素的生态学思想,有着其他类型建筑难以获得的生土建筑的优越性,当然传统窑洞也有种种弊端。在当代生活环境变迁影响之下,窑洞居民往往在对比地面"现代"住宅中,"认为窑洞是落后的、封闭的、没有生气的,因此要抛弃。"针对这些问题,王竹教授等诸研究者以延安枣园村为例,进行了传统窑居更新规划设计研究。研究者分析了黄土窑洞的 7 条优越性:依山节地、可塑性强、低能耗、少污染、顶部利用、就地取材、成本低廉等;以及主要弊端:缺乏整体性、基础设施差、通风日照弱、耐久性能低、空间形式单一等。在此基础上,提出枣园村规划构思的基点与方向,即:从文化环境和自然环境两方面挖掘出影响其可持续发展的各要素；调整这些因素之间关系，并使其成为有机整体，从而使窑居发展成为一种有价值的绿色生态居住环境（如图 6-2）。

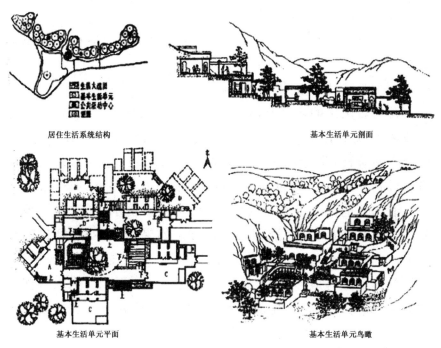

居住生活系统结构   基本生活单元剖面

基本生活单元平面   基本生活单元鸟瞰

图 6-2 陕北窑洞山村更新规划设计

图片来源：王竹,周庆华.为拥有可持续发展的家园而设计.建筑学报,1996.5.P36

该案例从指导思想上看十分接近"生态发展"的主旨。首先研究者以整体眼光把握高原地区聚落环境，而窑洞只当作聚落有机体中的主要"细胞"，从而使该更新项目具有整体性特点。这与"聚落系统"的观点和研究方法较为一致。设计者从分析山村的自然特性（高原环境）、人工环境特性（窑洞居住型态特性）和文化特性（乡土文化、纪念地文化、外来文化）以及村民生活方式着手，分层次地完善了聚居环境（聚落—生活大组团—生活单元—住户宅院），方案也采取一些必要的生态技术措施（如窑水净化、沼气利用、太阳能温室、屋顶种植等），以有效利用自然资源和能源。通过这些规划措施，克服了传统聚居形式的弊端，发展了窑洞的生态优势(如节地、节能、经济性等)。整个规划及单体设计不仅解决了单体窑洞适应现代化生活需求问题,更重要的是使人工环境与自然物理环境和生物进化随着经济环境相互促进共同发展。

(2)石板岩聚落民居适用性建构

从经济、生活方式的角度考虑,石板岩聚落民居适用性建构主要反映在以下三个方面:

①建筑与环境地貌融为一体。

石板岩聚落的未来整体扩建应以原有山体为背景,依山就势不破坏地貌地打造出建筑、山体、树林、天色,相融一体的场所。结合山地条件,适应山地坡度、地貌特点来组织空间,其建筑风格、布局要与自然环境相融洽,体现和谐的人与环境的关系。

沿山体的部分是景观最好的地区,依山傍水;同时这一地区又是生态系统最敏感、最薄弱的地方。如果建设不好,则目前比较平衡的系统会遭到破坏。因此,建筑本身要强调生态环保性,建筑单体沿原有地形地貌,减少对气流风向的影响。采取一些具体措施,如雨水的收集排放、原有自然雨水排放与人工排放系统的结合,对原有的冲沟进行梳理和位置规划等。

②充分利用可再生能源及能源循环利用系统。

目前,建筑对太阳能利用的技术是用太阳能取代部分常规能源,为建筑采暖、提供热水、降温、采光等提供清洁的能源。石板岩地区由于现有的经济技术水平,对于太阳能的利用主要是通过运用太阳能热水系统,兼顾使用开发太阳能光电系统。太阳能热水系统是通过屋顶的管式真空收集器,通过贮热和输送,提供热水供应和中央供暖系统。其中,小型太阳能热水器得到了普遍的运用,如图6-3。而对于太阳能光电系统,可考虑将太阳能电池与屋顶维护构件组成整体,对建筑造型没什么影响,成本也相对廉价,效果较好。

沼气是庭院生态建设的核心,是利用人畜粪便等有机物,在厌氧条件下,通过沼气池内微生物能量代谢和呼吸作用产生的可燃性气体。它是一种优质的燃料,热值较高,热效率比较稳定,使用方便,其技术经济性仅次于液化石油气,完全可作为第二能源用作炊事和解决室内外照明问题。沼气池将人畜禽粪便进行厌氧发酵产生沼气、沼液、沼渣可用于农业生产和农民生活,不产生二次污染。从而达到环境改善、能源利用、促进生产、提高生活水平的目的。在石板岩地区,当今做饭仍以山柴、煤球为主要燃料,完全可以考虑将沼气做为第二能源用作炊事解决做饭燃料问题。

图 6-3　太阳能热水器的应用

图片来源:作者自拍摄

③结合庭院经济立体绿化调节小气候。

聚落发展和人类聚居形态受到多方面的因素影响,其中地形因素和经济结构因素是对地方住宅影响最直接、最深刻的两大因素。一般来说,有什么样的生产生活方式便会产生相应的聚居模式。但在人为合理的诱导下,将庭院经济引入农村的住宅,会使传统的住宅焕发生机。

庭园生态农业是指农民在自己的住宅院内及与宅基地相连的自留地、承包地、水面上,依据生态经济学的基本原理和系统工程学的基本方法,充分利用庭园的设施、资源、劳动力等优势,因地制宜地从事种植、养殖、农产品加工等各种庭园生产经营,从规划到布局,从物质、能量的输入到输出,更趋向于科学、合理、高效、低耗、优质、高产,经济效益、生态效益、社会效益俱佳的经营模式。它具有巧用食物链(网)和共生生态关系,把绿色植物的生产、家畜(禽)的饲养和微生物的繁殖有机地串联起来,使物质多层次循环利用,能量高效率利用,形成一个布局合理、环境优美的生产、生活两用基地,并能获得较高的经济效益和生态效益。

　　石板岩村民原本就有注重庭院绿化的生态情结,在当地民居的未来更新中,完全可以将此引导发展。利用庭院有限空间,将聚落的特色经营项目进行垂直立体分布,地下建沼气池和地窖储藏产品,在庭院内发展养殖业,营造庭院经济林,开展农副产品加工等,从而提供常年食物和富氧环境,形成一个立体人工生态系统,如图 6-4。

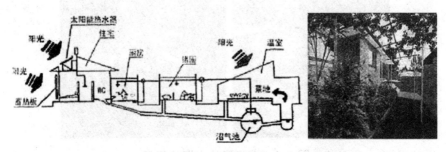

图 6-4　结合庭院的生态住宅能量循环图解

图片来源:高志新.发展庭院经济.中国农业资源与区划,2002.4.P15

　　石板岩聚落民居的更新不仅仅包括住宅周围的居住环境与聚落整体布局,还应包括单体建筑,对其更新不能采取单一的策略,但从经济、生活方式的角度考虑,可以概括出石板岩聚落民居单体建筑更新适用性建构的一般策略,具体如表 6-1 所示。

表 6-1　石板岩聚落民居单体建筑更新适用性建构的一般策略

	名称	传统做法及特点	改进构思及要点	目的
总平面	选址	不占用耕地	沿用传统	节地
	布局	庭院式、独立式	连排式	节能
平面	入户门	无雨蓬	内凹处理	遮阳、遮雨
	卫生间	远离主室、旱厕	设沼气池	能源循环利用
	灶房	远离主室、无烟囱	临近主室,用不完全隔断隔开,加设烟囱	

	名称	传统做法及特点	改进构思及要点	目的
内部空间	隔断构件	木栅隔墙	沿用传统	
	隔顶构件	木椽、石板	竹排楼板	经济、节材
	楼层联系构件	室内用木楼梯	沿用传统	
立面	门窗	立面开窗较小，玻璃门窗	加用过梁，增大开窗面积，采用塑钢门窗	利用通风、采光，增加气密性
	屋顶	双坡石板屋面	沿用传统	延续地域特色，保持石板古老建造工艺

2.材料、建造技术角度考虑

石板岩传统民居发展带有一种朴素的"可持续"的发展意识。对地理气候条件有极强的适应性，所采用的传统地域技术所需费用少而收效大，同时它们和环境也非常协调，体现出其很强的生态适应性。我们不难发现，许多符合现代生态学原理的建筑技术就蕴含其中，对石板岩传统民居中的一些"土做法"适当加以改进，正是当代生态建筑设计中倡导的中间技术路线的一种体现。

（1）选例分析：资源型生态圆土楼

土楼是自17世纪以来福建省南部地区聚居的客家人建造的一种堡垒式居住建筑。当年为防范匪患而建造，外墙为厚1米以上的夯土筑成，内侧则为木构架。在当代，随着社会环境和经济条件的改变，客家人物质生活日渐富裕与现代化，原有土楼居住条件已不能满足当地居民的要求。尤其在通风、日照、卫生设施和私密性等方面，传统土楼的局限性十分明显。针对这一状况，研究者试图通过一系列改善措施，对圆土楼进行改造设计，以使土楼"这块瑰宝再闪烁其光辉：继续服务于群众"。

这是一个富有创意的设计，如图6-5所示。不仅通过平面改造使传统的总体格局适应了现代生活的需求，还通过一系列生态技术运用，使整个土楼成为一个完整的资源高效利用系统。包括：①外墙材料以当地盛产的石灰、壳灰作灰沙配合生土夯筑进行墙材优化改良;②增开对开窗组织对流通风;③设置中央水塔、水井、过滤池及管道系统以改善水质,并形成自然空调系统;④通过沼气池和太阳能集热技术的运用达到能源自给、卫生自净;⑤通过屋顶蓄水既解决隔热问题,又能进行养殖而发展副业经济效益。尤其值得一提的是,该设计考虑了整个更新过程的经济性:设计者测算每户仅负担 3 000 元投资,一年左右可收回成本,使得整个单体设计较为完善。

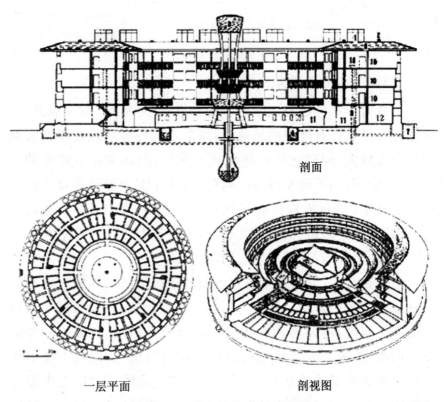

剖面

一层平面   剖视图

图 6-5　资源型生态圆土楼

图片来源:蔡济世. 资源型生态土楼. 建筑学报,1995.5. P42—44

　　当然,该设计生态优越性,还只局限于单体本身,未涉及聚落与周围环境的整体规划。以生态发展的观点看,旧居的再利用仅仅是发展的一个层次。从研究者文字介绍中,该设计从内部结构、布局到外部开窗和屋顶处理,似乎都被脱胎换骨,如同建造一个全新的生态建筑,而仅仅采用了传统土楼的整体造型而已。福建土楼这种居住格局的形成和存在,主要是以早年客家人为防卫之需要为前提的。这一社会环境背景今天已不存在,因而保留这类聚落的形式并无客观居住需要之前提。随着人口增加、聚落空间增长等未来需求与圆楼过强的内聚性的封闭格局矛盾之处是明显的。此类问题尚待进一步探索。

（2）板岩袋装砂土住宅更新尝试

乡土材料既有可持续利用其价值的一面,也有对自然生态破坏的一面。可持续价值在于它的生态适应性、经济性、就地取材的方便性。对乡土材料的开发利用要建立在不破坏环境的基础上。西安建筑科技大学绿色建筑研究中心提出了建筑材料在节能、节约资源和环保方面的5项措施:①建立材料的寿命周期概念;②使用耐久性强的材料;③提倡使用地域的自然材料及当地建筑制品;④提倡使用经过无害化处理的材料;⑤使用易于分别回收再利用的材料。

结合石板岩山区产业特点和资源优势,石材和碎石沙土是目前可以大量利用的地方建材。但石材本身又不是一种可再生的天然建材,然而在第4章中所介绍的袋装泥土住宅,却可以对碎石沙土进行循环使用。这个方法无疑开启了一扇通向可持续发展住宅产业之门,这对石板岩聚落民居的更新有着重要的启迪意义。根据袋装砂土住宅体系的组成,结合石板岩的具体情况,通过采用以下策略,可以用较低的建造投资,达到当地民居可持续发展的节能效益。

①墙体材料。

外墙采用聚丙烯塑料袋,内装砂土的混合物——"超级砖":砂、土各占50％,砂子来自石板岩砂场,泥土来自基地挖槽土或者人工湖里挖出的土。目的在于发挥砂土良好蓄热、隔热、隔声性能和承载能力,技术细节根据实际情况确定。

②竹排楼板。

楼板的设计,采用自制的竹架楼板,通过穿孔将竹板连成整片,这样的加工程序,可以避免在楼板固定之后再十字交叉,用竹夹板来增强整体性,减少了建成后楼板的颤动。如果将竹夹板视作拉筋,在铺设好的竹排楼板上浇注混凝土层,受力后,竹夹板主要承受拉力,并且上层有混凝土的保护、下层有抹灰,增强了其耐久性。

③屋面延续。

屋面采用石板铺盖,一方面保持石板铺盖的古老建造工艺,另一方面,发挥石板屋面良好的蓄热性能,作为袋装砂土住宅的自然调节途径之一,在冬季不采暖、夏季不制冷的情况下,住宅的二层居室能常年取得冬暖夏凉的使用效果。其维护体系如图 6-6 所示,其组成如表 6-2 所示。

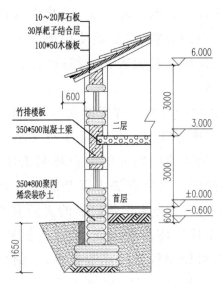

图 6-6 石板岩袋装砂土住宅维护

图片来源:作者自绘体系

表 6-2 石板岩袋装砂土住宅体系构成

建筑构件	组成
1.墙体	为 400 mm 厚"超级砖"砌体,既是分隔室内、外空间的维护体系,又是竖向荷载的承重结构。其中卫生间墙体采用 240 mm 粘土空心砖墙。

续表

建筑构件	组成		
2. 门窗	南北采用单玻塑钢门窗,西向如开窗采用双玻塑钢门窗,使用预埋木框与墙体连接;室内为木门。		
3. 楼板	竹排混凝土复合楼板,卫生间采用钢筋混凝土现浇楼板		
4. 屋顶	木檩条、"耙子"结合层、搭盖石板屋面。		
5. 地面	(1)石板地面	(2)水泥地面	(3)瓷砖地面
6. 楼梯	木楼梯		
7. 基础	500 mm 厚"超级砖"砌体		
8. 墙面	内外墙面挂钢丝网抹草泥,室内外面层均为 20 mm 厚草泥,室外面层要加上一层石灰水泥砂浆。		

3. 文化、历史角度考虑

地域的文化特征对建筑有着非常重要的意义。精神环境是建立在物质环境基础之上的,反映了人们在社会生活、习俗、情趣和文化艺术等方面的诸多倾向,包含有政治、经济、文化、民俗等因素。正如赖特所说"除了建筑它所在的地点外,不能设想放在任何其他地方。它是那个环境的优美的一部分,它给环境增加光彩,而不是损害它"。

(1)选例分析:云南傣族新民居实验

1999 年 4 月,在云南省西双版纳傣族自治州曼真村诞生了一座由建筑师设计的新"竹楼"。(如图 6-7)说是竹楼,其实并非以竹木建造,而是彻头彻尾用钢筋混凝土材料建起的新民房。该楼房被称为竹楼的原因主要在于它在外观上具有傣族传统竹楼(如图 6-8)的特征。如底层架空、半室外的单跑楼梯、T 形歇山式屋顶、前廊、晒台等。室内部分虽然强调保留傣族传统竹楼以客厅为中心的布置方式,但其现代特征还是占据主导地位。房屋结构"采用引进的 IMS 结构体系并加以改进,即整体预应力装配式结构,柱子现浇,板预制"。这是研究者在多年研究当地传统居住建筑的基础上,进行的一个标志性的实验。其目标是"通过研究试验,确定一种适合傣族地区村寨推广建造的功能改善、材料更新、施工方便又保持传统特色的新型小康住宅体系方案及其相应的村镇住宅科技产业发展规划。"这栋仅 200.25 m² 的小楼是研究者艰难地花了两年多的时间才完成的,在当地引起较大的反响。

傣族新民居实验楼平面　　　　　傣族新民居实验楼外观

图 6-7　傣族新民居实验楼平面及外观

图片来源:朱良文. 走实验之路 探竹楼更新.新建筑,2000.2.P12—15

传统竹楼

图 6-8　传统竹楼外观

　　研究者的责任感和孜孜以求的执着精神的确令人敬佩有加。这样的实验能够进行并完成极为难得。在深入分析和对照新老竹楼的平面布局、外观形式、构筑方式等状况之后,尤其从生态发展的视角进行分析,我们认为,新竹楼尚有一些不尽人意之处,有待进一步完善。

　　首先,保留传统竹楼特色的是设计中重要的原则。然而,研究者关注的特色主要还是着眼于外观形式上。而傣族传统竹楼一些极有特点的生态化处理却尚未能得到充分弘扬,反而被忽略了。为适应热带地区湿热气候,传统竹楼有许多"生态化"的处理。如处于房屋最高处的歇山山尖透空处理,在室内具有拔风效应,从而保证室内清凉干爽,也起到一定的采光和散烟的作用。架空的居住层、深远的大出檐、向外倾斜的外墙、极小的开窗面积或不开创窗,形成独特的"自防热体系",有着良好的防射、防日晒和隔热、通风效果。而新竹楼开窗变大了、出檐变小了,歇山只是一个象征传统的形式。新材料虽然很结实耐久,但却不是可循环材料。此外采用的红色水泥瓦屋面、白色粉墙,实在和传统竹楼格调难以统一。若如作者所制定的目标那样"适合傣族地区村寨推广建造的住宅体系"继续推广,我们期待作者在新的设计中有进一步改良的"生态化新竹楼"问世。

(2)延续石板岩传统民居特色

石板岩聚落民居是河南民居的一个独特类型,是在满足诸多需求,积累了丰富经验基础上形成的智慧结晶,值得我们珍惜。但是在现代传媒的熏陶下,"小别墅"、"小洋楼"的城市居住观念正逐渐加强,其自身的民族文化逐渐削弱。另一方面,现代化确实是一柄双刃剑,它在提高当地人们生活的同时,也会影响到民族传统文化的继承。因此加强石板岩聚落民居特色也是当前的要求。

延续石板岩传统民居特色,并不是要对石板岩聚落民居进行肤浅的形式模仿,也不是对建筑符号的生搬硬套。而是将石板岩乡土的韵味和人们对大自然与生俱来的归属感融入建筑中,令人获得情感上的共鸣。从文化、历史保护角度考虑,石板岩聚落民居更新的设计手段多种多样,并不拘泥于形式的拷贝和符号的抄袭。如建筑单体可采用小体量的造型,分散布置,庭院景物融合在建筑当中,营造出宜人的尺度和亲切的姿态。建筑完全可以通过这些手段使石板岩聚落民居的更新达到古今新旧之间的融合,新住宅焕发出古民居的风韵。

聚落的更新发展不同于白纸上画画写意,而是基于聚落进化演变这种有机模式。石板岩乡虽然没有非常珍贵的历史文物,但是对于村民来说,一些场所、或是一幢普通的建筑,记忆了人们曾经的喜怒哀乐,这种情感场所虽然够不上文物保护的级别,但它们却是聚落中场所精神的体现。目前不少乡村改造,道路优先的原则铲除了无数历史建筑和民俗文化。宽直的马路,呈现给我们使用的高效,但也摧毁了原有聚落道路的富有人情味的有机特点,保持原有的聚落肌理有助于将来的人们对聚落的发展渊源和脉络有真实的了解。

6.3.3 石板岩聚落民居更新原则

根据以上三个角度考虑及相应案例分析,我们不难看出适宜更新应是石板岩聚落民居更新的方向。在总的框架下,应符合适用、适宜、和谐的三个基本原则。

1.要适应人们的经济水平与生活方式,体现适用性

随着社会的变化以及人口的增减、家庭组成和经济的变化、居住观念的更新等因素,民居内在功能也必然需要适应这种变化,即需要通过扩建、改建或重建等方式,延续其内在的生命,满足人们的生活需要。翻新改造是民居持续存在的物质前提;功能使用上的适用、适度是民居存在的保证;使用得度,新与旧能良好相容,使历史的住居为现代生活服务,是民居存在的和谐体现。

2.要做到"少费多用"(more with less),体现适宜性

石板岩传统民居是过去社会长期沉淀的结果,传统民居的运转不需要设备系统的维持,完全是利用自然能源,因此不对环境产生大的破坏,符合可持续发展的基本原则,并体现出环境上的适应。充分运用适宜技术,对有限的物质资源进行最充分和最适宜的设计,这需要建筑师更进一步深入研究传统的乡土建筑技术,更多的研究石板岩聚落民居中的适宜建筑技术思想和技术手段等方面的问题。做到"少费多用",是问题关键之所在。

3.要实现地域文化特征的和谐发展,体现和谐性

地域文化是一定区域内人类社会实践过程中所创造的物质财富和精神财富的综合。石板岩聚落民居面对当地特定的气候环境,在解决人们居住、生活要求的同时也满足了当时当地的经济、文化需求。建筑结合地域文化,就要求建筑积极挖掘地域文化中的特征性因素,将其转化为建筑的组织原则及独特的表现形

式,使建筑的演进能够保持地域文化上的特征性和连续性,体现和谐发展的要求。

6.3.4　石板岩聚落民居更新步骤

对石板岩聚落民居的保护与更新,是一个错综复杂的问题,它涉及多方面的因素,必须兼顾社会环境、自然环境和建成环境的共同发展,因此要对各方发展需求作出较全面的调研。居民、开发商、政府管理部门和专业人员共同"参与设计"必不可少。建筑师、规划师们如果一厢情愿的"闭门造车",其结果往往和实际需要相差甚远。

石板岩聚落民居最为关键的是其利用资源、应对环境方面所做出的自身处理,最为珍贵的是其中蕴涵的朴素的生态建筑思想。因此,对其未来的发展也应该是生态方向的。参照国内外已有的研究成果,结合前面章节的分析与思考,这里尝试提出一个石板岩聚落民居生态更新的应用模式(图6-9):

该模式图表明,聚落更新发展包含以下几个步骤:

①观念更新阶段——这是全民性的,依赖于宣传和普及,属于"人口能力建设"。对于直接参与的专业设计人员和决策者尤为重要。此乃聚落更新的前提。

②生态调研阶段——理想的目标是建立地区动态的生态资料库。通过调查、收集、整理地区自然、社会、人工环境资料,作为发展的依据。包括资源调查(自然资源、文化资源)和社会调查(民意调查、传统经验等)。此阶段还包括对资料的系统分析;针对具体的聚落环境系统,分析已有资料以确立承传和发展的主题和现实目标。

③规划控制阶段——着眼于地区整体生态系统稳定和发展进行规划。此阶段尤其应重视居民的参与意见,以符合百姓的切身利益。

④进行生态设计阶段——着眼于改善聚居环境(人工环境)的生态综合设计。既包括适应现代生活方式的民宅更新调整设

计,也包括利用自然能源、节地节水,保护林木植被,继承传统优势等设计。该过程应建立在公共参与的基础上,符合生态设计的"满意原则",并注重经济效益和技术引进。

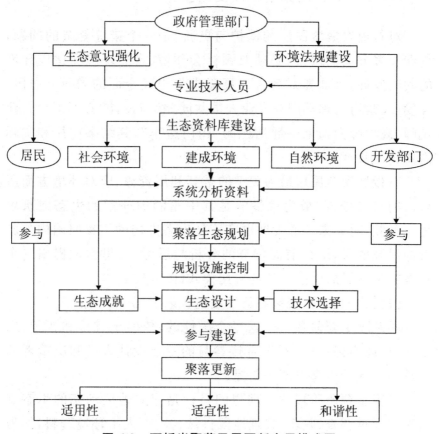

图 6-9 石板岩聚落民居更新应用模式图

图片来源:作者自绘

⑤聚落更新实施阶段——完成了以上各阶段,应及时收集反馈信息,总结经验与不足,在推广中作未来聚落发展的进一步研究。当然,上述各阶段的完成,已经"启动"了聚落生态系统的良性运转,未来的发展将会顺利得多。如此将达到真正的可持续性发展。

6.4　本章小结

　　本章节是我对石板岩聚落民居更新所作的思考。首先指出石板岩聚落民居更新的必然,在更新过程中,分别从经济、生活方式角度;材料、建造技术角度;文化、历史角度等三个方面提出更新的参考案例和具体策略。最后,相应于更新思路,总结出三个基本评价原则,即适用性原则、适宜性原则、和谐性原则。

　　最后我想说,在城镇化进程中石板岩乡传统民居的保护与更新,是一个错综复杂的问题。它涉及多方面的因素,因此需要对当地民居有深刻的理解,才能有实际的行动。希望在不久的将来,有更多的建筑工作者投身于这项有意义的工作。

第 7 章　结束语

传统聚落就是人类创造的,使自己能利用自然资源、应对自然环境的一种工具,最本质的传统聚落具备工具般简洁高效的外形,不带任何形式上的无意义的附加功能和装饰。传统聚落针对不同的气候环境,基于不同的自然地理条件以及人文背景,表现出对自然资源加工手段的多样性;另一方面,几乎传统聚落的每一构件都是可解释的,都有其存在的具体意义,没有无意义的形式,这是传统民居生态性的根源所在。

豫北石板岩地区的气候是典型的大陆性季风气候,这种冬冷夏热的气候在高山峻岭、深沟峡谷遍布的豫北山区,虽然形成了水土资源丰富、植被茂盛的优美自然环境,但并不是一种人居舒适的气候环境。在只能依靠薪柴取暖,及"冷不自生"的时代,营造具有气候调节能力和适应性强的传统民居是帮助人类应对环境,提高生活舒适度的最重要手段。豫北石板岩聚落选址上运用风水理念;平面布局上结合绿化,注重庭院效应;空间组织上侧重群体优化通风效应,从而有效缓解了冬季的严寒和夏季的酷热。除此外,作为主要研究对象的高家台、益伏口村一带传统民宅,建屋、生活都以实用为标准,从而体现出传统民居更本质的一面:经济和耐用。其经济性可从传统民居选材中体现出来,可贵的是,这些经济的建筑材料,例如石板、木材、稻草,同时也是耗能少、可循环利用的生态材料。豫北石板岩传统民居就是依靠这些建筑手段、措施和技术,既达到调节小气候的效果,又兼顾经济和耐久的原则,并维持了周边生态环境的稳定和良性循环。

随着现代科技和物质文明的高度发展,石板岩人们的生活环境、居住意识、居住行为也在不断发生变化,传统民居的更新也在所难免。在强调环境、注重生态的今天,怎样使石板岩传统民居的更新做到可持续发展呢?本书提出了石板岩传统聚落未来更新的一些思路。所谓可持续发展住宅目标简单地讲是在经济可行的条件下,能够保证居民生活和生产活动更加舒适的同时,还能够节约资源、降低住宅的使用能耗、降低环境负荷。从理论上讲,没有丰富的天然建筑材料,及其可持续利用的方式,谈推广可持续发展住宅并在未来住宅中继承传统民居都是缘木求鱼,不得其法的。笔者认为,对于像如石板岩这种经济不发达的村镇,未来住宅更新,首先要找到当地可持续利用的绿色建筑材料以及这些绿色建材的适当建造工艺;然后,在设计建造更新住宅中,再继承石板岩的优秀传统居住文化。石板岩传统居住文化包括地域特色的建造工艺和居住方式。石板岩地域特色的建造工艺主要体现在石板岩居民历史上对于石材、木材、稻草、荆条等天然建筑材料的巧妙利用,如石板屋面的建造方法。石板岩居民居住方式是在变化中的,常常不同的家庭会有传统居住和现代居住同时存在的情况。但是,不论是传统的、现代的或者两者兼有的居住情况,对于未来住宅的居住方式来讲,都应该是量身定做的。这一点并不是多设计几种套型所能满足的,唯一的办法,就是让居民参与未来住宅的设计、建造,以达到居住个性化的满足;同时这种办法,有利于传播和确立社区主体生态意识。

在借鉴国外传统民居更新实践的基础上,结合石板岩聚落民居传统的设计智慧,以中间技术为载体,分别从经济、生活方式角度;材料、建造技术角度;文化、历史角度等三个方面探讨石板岩传统民居未来的更新策略,可能策略并不完备,算是抛砖引玉之举,为进一步的实践和研究作铺垫。

这些住宅的研究经验,虽然是研究豫北安阳地区石板岩传统民居更新得出的,倘若结合各地的实际稍加改进,就可以作为一般方法推广到其他传统民居更新的研究中去。传统民居更新最直接的目标是居住质量提高,最终的结果将是人与环境的双赢——永续的发展。如果本书内容有助于找到适合于石板岩地区的、便于推广的住宅体系,将达到了写作目的。

我国传统聚落更新设计走过了一条不寻常的道路,既有对传统的探寻与追求,又充满了争论,矛盾与冲突。总的看来,有以下几种设计倾向:

①对传统空间形式的继承。

②对传统建筑形式的继承。

③对传统建筑形式的变换与隐喻。

④生态与乡土结合。

文化处于交汇、碰撞、重组之中,建筑学也不断解决新的问题而得以发展。关于传统的认识误区不仅束缚我们超越历史环境,阻碍人们认识当下,在文化交融的今天,更无力面对外来强势话语和职业环境的变化。正确认识传统是理性的基础,创新的开始。

石板岩聚落民居综合利用资源和应对当地环境,达到生产、生活、生态的高度统一,形成了良好的生态系统。其中有些或许是惯用的经验做法,我们都习以为常,不以为然。但是仔细分析,这种把资源、环境有机地纳入到规划设计中的做法很值得我们认真反思和学习。设计结合资源、应对环境,有助于我们走出对民居"继承和发展"的误区,在文脉的传承方面,不再过多纠缠于"手法、主义";在设计方面,找到一个更行之有效的切入点。我们要认识到建筑设计不仅是实体形态的设计,更是对资源的整合,环境的应对,是对建筑本体的回归。

参考文献

[1]黄志斌,骆徽.关于实现经济与社会,生态和谐发展的思考.观察与思考,2005,01:34.

[2]B·吉沃尼著;陈士麟译.人·气候·建筑.北京:中国建筑工业出版社,1982.

[3]刘家琨.此时此地.北京:中国建筑工业出版社,2002.

[4]仇保兴.和谐与创新——快速城镇化进程中的问题,危机与对策.北京:中国建筑工业出版社,2006.

[5]朱晓明.历史·环境·生机——古聚落的世界.北京:中国建材工业出版社,2002.

[6]刘光复,刘志峰,李钢.绿色设计与绿色制造.北京:机械工业出版社,1999.

[7]王其钧,谢燕.民居建筑.北京:中国旅游出版社,2006.

[8]周曦,李湛东.生态设计新论.南京:东南大学出版社,2003.

[9]于希贤.中国古代风水与建筑选址.石家庄:河北科学技术出版社,1996.

[10]李允鉌.华夏艺匠——中国古典建筑设计原理分析.天津:天津大学出版社,2005.

[11]项秉仁.著名建筑师丛书——赖特.北京:中国建筑工业出版社,1995.

[12]王其亨.风水理论研究.天津:天津大学出版社,1992.

[13]荆其敏,张丽安.中外传统民居.天津:百花文艺出版社,2003.

[14]孙大章.中国民居研究.北京:中国建筑工业出版

社,2004.

[15]单德启.从传统民居到地区建筑.北京:中国建材工业出版社,2004.

[16]王瑞珠.国外历史环境的保护和规划.甘肃天水国际城科会专家发言稿等相关文献资料.台北:淑馨出版社,1999.

[17]顾朝林,孙樱.中国大城市发展的新动向——城市郊区化.规划师,1998,02.

[18]任华.简论可持续发展中人与自然的统一.齐齐哈尔大学学报(哲学社会科学版),2008,07:40.

[19]宋春华.选择资源节约型发展模式——中国住宅建筑与住房消费的必由之路[R].中国建筑学会2003年10月学术年会主题报告[EB/OL].

[20]盛连喜,景贵和.生态工程学.长春:东北师范大学出版社,2002.

[21]李金才,张士功,邱建军,任天志.我国生态农业现状,存在问题及发展对策初探.农业科技管理,2006,12.

[22]吕爱民.应变建筑:大陆性气候的生态策略.上海:同济大学出版社,2003.

[23]李晓峰,谭刚毅.中国民居建筑丛书:两湖民居.北京:中国建筑工业出版社,2009.

[24]陈振裕.湖北文物典.武汉:湖北长江出版集团,湖北人民出版社,2010.

[25]陈宗兴,陈晓键.乡村聚落地理研究的国外动态与国内趋势.世界地理研究,1994(1):72—76.

[26]郭晓冬.黄土丘陵区乡村聚落发展及其空间结构研究.兰州:兰州大学,2007:19—27.

[27]张小林.乡村空间系统及其演变研究.南京:南京师范大学出版社,1999:3—7.

[28]李君,李小建.国内外乡村居民点区位研究评述.人文地理,2008,23(4):23—27.

[29]周心琴.西方国家乡村景观研究新进展.地域研究与开发,2007,26(3):85—90.

[30]陈勇.国内外乡村聚落生态研究.农村生态环境,2005,21(3):58—61.

[31]曾坚等.开创 21 世纪建筑与文化的新纪元.建筑学报,1999.(6):6—8.

[32]龚恺等.徽州古建筑丛书——鱼梁.第 1 版.南京:东南大学出版社,2001.

[33]辞海编纂委员会.辞海.第 1 版.上海:上海辞书出版社,2000.

[34]吴良墉等.发达地区城市化进程中建筑环境的保护与发展.第 1 版.北京:中国建筑工业出版社,1999.

[35]陈紫兰.传统聚落形态研究.规划师,1997(4):85—87.

[36]常青.略论传统聚落的风土保护与再生.建筑师,2005(05):25—28.

[37]冯骥才.城市的历史美——法国文化考察随笔二.文汇报,2006—3:6(6).

[38]赵群.传统民居生态建筑经验及其模式语言研究.西安建筑科技大学博士论文,2004:23.

[39]周德慈.城市规划导论.北京:中国建筑工业出版社,2002.

[40]伦佐·皮亚诺建筑工作室专辑.世界建筑导报,2000:71.

[41]赵群.传统民居生态建筑经验及其模式语言研究.西安建筑科技大学博士论文,2004:7.

[42]汪芳.查尔斯·柯里亚.北京:中国建筑工业出版社,2003.

[43]支文军,朱广宇.永恒的追求.新建筑,2003,03:64.

[44]王竹,周庆华.为拥有可持续发展的家园而设计.建筑学报,1996,05:36.

[45]高志新.发展庭院经济促进农村经济发展.中国农业资源与区划,2002,04:15.

[46]西安建筑科技大学绿色建筑研究中心.绿色建筑.北京:中国计划出版社,1999.

[47]朱良文.走实验之路探竹楼更新.新建筑,2000,02:12—15.

[48]宋晔皓.欧美生态建筑理论发展概述.世界建筑,1998,01:68.

[49]蔡济世.资源型生态土楼.建筑学报,1995,05:42—44.

[50]王建国,高源.世界乡土居屋和可持续性建筑设计.建筑师,2005,06:114.

[51]李晓峰.乡土建筑保护与更新模式的分析与反思.建筑学报,2005,01:8—10.

[52]孙璐,谷敬鹏.乡土建筑的建构与更新.华中建筑,2001,02:23—36.

[53]支文军,朱金良.中国新乡土建筑的当代策略.新建筑,2006,06:82—85.

[54]钟文凯.灰色的天空——刘家琨设计的鹿野苑石刻博物馆二、三期及其作品的另一种解读.时代建筑,2006,04:96—101.

[55]周伟,赵群,刘加平.温和地区建筑节能发展方向探究.有色金属设计,2004,02:34.

[56]乐爱国.《管子》与《礼记·月令》科学思想之比较.管子学刊,2005,02:15—19.

[57]张彤.整体地域建筑理论框架概述.华中建筑,1999,03:24.

[58]李北方.谢英俊的"茅草屋"豪宅.南风窗,2006,02:80—82.

[59]李晓峰.多维视野中的中国乡土建筑研究——当代乡土建筑跨学科研究理论与方法.东南大学博士论,2004.

[60]江岚.鄂东南乡土建筑气候适应性研究.华中科技大学硕士论文,2004.

[61]刘芳.太行山民居建筑文化观念研究.河北师范大学硕

士学位论文,2006.

[62]杨成锦.湖北古镇文化研究.武汉:武汉理工大学,2010.

[63]刘苗.湖北传统民居营造技术研究.武汉:武汉理工大学,2010.

[64]陆元鼎,潘安.中国传统民居营造与技术.广州:华南理工大学出版社,2002.

[65]吴良镛.城市研究论文集.北京:中国建筑工业出版社,1996.

[66]樊莹,吕红医,史岩.南源北辙——豫南山地传统民居木作技术及其影响因素研究.建筑学报,2009.

[67]江峰.城市传统民居保护利用中的功能置换.宜春学院学报,2009(04):31-02.

[68]李晓峰.从生态学观点探讨传统聚居特征及承传与发展[J].华中建筑,1996:14-4.

[69]董黎.鄂南传统民居的建筑空间解析与居住文化研究.武汉理工大学,2012(11).

[70]夏勇.贵州布依族传统聚落与建筑研究——以开阳马头寨、兴义南龙古寨和花溪镇山村为例.重庆大学,2012(05).

[71]李玉兰.国外民居一瞥.住宅科技,1993(12).

[72]李曦,范迎春,李煜民.论古民居保护方法的再研究.家具与室内装饰,2011(09).

[73]张金伟,张云华.旅游型农村住宅模式探析.四川建筑科学研究,2010(06):36-03.

[74]武杨.浅析太行山区石板岩生态化民居营造特征.环球人文地理,2014(20).

[75]张萍,吕红医.生态视野下的豫北山地民居景观分析.华中建筑,2010(01).

[76]苏洁,李莉.试论后城市化进程中的民居保护问题.全国贸易经济类核心期刊,2009(20).

[77]杨晓林,郑青.太行峡谷中的聚落情景图示——河南林

州石板岩聚落.郑州大学,2008(07).

[78]张凯雷.豫北山区传统石板房民居资源的保护与利用.湖南科技学院学报,2013(01):34-01.

[79]张建涛,高长征.豫北石板岩民居利用自然资源和应对环境的设计探讨.华中建筑,2007(25).

[80]俞世海.中国古民居保护与旅游开发应用模式研究.东南大学,2006(02).

[81]徐贤如.传统聚落环境分析.昆明理工大学,2007(05).

[82](美)琳恩·伊利莎白,卡萨德勒·亚当斯著;吴春苑译.新乡土建筑:当代天然建造方法.北京:机械工业出版社,2005.

[83](美)E·F·舒马赫著;虞鸿钧等译.小的是美好的.北京:商务印书馆,1984.

[84](日)原广司著;于天祎等译.世界聚落的教示100.北京:中国建筑工业出版社,2003.

[85](日)藤井明著;宁晶译.聚落探访.北京:中国建筑工业出版社,2003.

[86](英)布赖恩·爱德华兹著;周玉鹏,宋哗皓译.可持续性建筑.北京:中国建筑工业出版社,2001.

[87](英)Randall McMullan.建筑环境学(Environmental Science in Building).北京:机械工业出版社,2005.

[88](西)Arian Mostaedi著;韩林飞等译.低技术策略的住宅.北京:机械工业出版社,2005.

[89](美)伊恩·麦克哈格.设计结合自然.北京:高等教育出版社,2000.

[90](美)理查德·瑞吉斯特.生态城市:重建与自然平衡的城市[M].北京:社会科学文献出版社,2010.

[91](日)原广司;余天炜,刘淑梅译.世界聚落的教义仁.第1版.北京:中国建筑工业出版社,2003.

[92](丹麦)杨·盖尔著;何可人译.交往与空间.北京:中国建筑工业出版社,2002.

〔93〕Randall McMullan（英）. 建筑环境学（Environmental Science in Building）. 北京:机械工业出版社,2005.

〔94〕Ota F,Maeshima A,Yamashita S, et al • Activin A induces cell proliferation of fibroblast-like synoviocytes inrheumatoid arthritis. Arthritis Rheum, 2003, 48 (9):2442—2449.

〔95〕Hoskins W G. The making of the English landscape. London:Hodder & Stoughton, 1955:58—72.

〔96〕Peter S Robinson. Implication of rural settlement patterns for devel-opment: a historical case study in Qaukeni,Eastern Cape,South Africa. Development Southern Africa,2003,20 (3):405—421.

〔97〕Hall D R. Rural development,migration and uncertainty. Geo Journal,1996,38(2):185—189.

〔98〕Andrew Gilg. An introduction to rural geography. London: Edward Amold,1985:20—40.

〔99〕Diane K M L,Stokes C S, Atsuko Nonoyama. Residence and income inequality: effects on mortality among U. S. counties. Rural sociology,2001,66(4):579—598.

〔100〕Roberts B K. Rural settlement in Britain. London: Hutchinson,1979:5—36.

〔101〕Michael Pacione. Rural geography. London: Harper row,1984:2—10.

〔102〕Hill M. Rural settlement and the urban impact on the countryside. London: Hodder & Stoughton,2003:5—26.

〔103〕Fred Dahms. Settlement evolution in the arena society in the urban field. Journal of Rural Studies,1998,14(3):299—320.

〔104〕Violette Rey, Marin Bachvarov. Rural settlements in transition-agricultural and countryside crisis in the Central-Eastern Europe. Geo Journal,1998,44(4):345—353.

〔105〕Marlow Vesterby,Kenneth S. Krupa. Rural residential

land use：Tracking its grows. Agricultural Outlook，2002，(8)：14—17.

[106]Carmen Carrión-Flores，Elena G Irwin. Determinants of residential land-use conversion and sprawl at the rural-urban fringe. American journal of agricultural economics，2004，86(4)：889—904.

[107]Anna L Haines. Managing rural residential development. The Land Use Tracker，2002. 1(4)：6—10.

[108]Marc Antrop. Landscape change and the urbanization process in Europe. Landscape and Urban Planning. 2004. 67(3)：9—29.

[109]Roberts B. K Landscape of settlement prehistory to the present. London：Rutledge. 1996：20—35.

[110]Gilman R. The eco-village challenge. Living Together. 1991. 29(2)：10—11.

[111]Stone G D. Settlement Ecology：The social and spatial organization of Kofyar agriculture. Tucson：University of Arizona Press. 1996：6—21.

[112]Mollison B，Holmgren D. Permaculture one：a perennial agriculture for human settlement. Tyalgum，Australia：Tagari Publishers. 1987：25—43.

[113]王浩锋. 民居的再度理解. http://www. abbs. com. cn. 2004.

[114]http://www. linzhou. gov. cn. (中国·林州·红旗渠网)

[115]http://www. abbs. com. cn/bbs/actions(ABBS 论坛/学生广场 / 设计相关)

[116]http://www. naturehouse. org/(乡村建筑工作室)

[117]http://www. sbis. info/(Sustainable Building Information System)

后　记

　　绝大多数古聚落孕育在百年波折动荡、改朝换代的时代里，民族村寨历史还要长些，有的虽然历史不长，但长期保留了古老并富有传统民俗的生活方式。它们大多人杰地灵，处在山水相依的自然环境中。至今保留了完整的建筑规模和曾有过的系统的组织结构，所有的这些均为在聚落中生活的人们抹上了浓重的时代色彩。从发展的角度来看，中国现存古聚落有的达几十年历史，有的甚至历经千百年风雨沧桑，这样的时空尺度对于我们解译人类对环境的作用比任何模拟的标本更能说明问题。

　　随着生态学的东渐，使得以西山之石攻中国传统民居的再生与地域建筑的创造之玉成为必然。用生态和技术的眼光、从设计的角度，重新审视传统民居对人与环境、人与资源的关系的处理成为一个新的研究领域。豫北地区石板岩聚落民居蕴涵着朴素的生态观，特别是在利用自然资源、应对自然环境方面的独特处理方法，在建设"美丽中国、美丽乡村"、提倡可持续发展的今天，值得我们深入研究下去。

　　本书是我在硕士论文基础上进一步修改而写成的，也是我近年来从事城市规划、建筑设计教学，科研工作的一个总结。谨此书稿付印之际，首先要衷心感谢我的导师郑州大学建筑学院张建涛教授，读研期间，张老师给予了我精心的指导和热情的帮助，每当想起导师的教诲，心中无比感激，让这感激之情凝聚在学习与工作之中，作为动力、鞭策与标杆！

　　特别感谢华北水利水电大学张占庞书记、张新中院长、李虎院长、宋岭教授、张少伟副教授、李红光副教授、卢玫珺副教授，他们作为同事和领导，在工作上给予了我很多的帮助，并在百忙之中抽出时间，就本书的结构、行文要求，不厌其烦地进行了详细的指导，并提出修改意见。

　　还要感谢匠人规划建筑设计股份有限公司河南分公司的同事们对我工作的大力支持，特别是卢宏伟、宋涵冰、许典杰、张月丽、田海霞等几位工程师任劳任怨的工作态度，令我钦佩。

　　感谢鹤壁市城乡规划管理局的程宏杰先生、浚县住房和城乡建设局的耿文峰先生，在调研期间给予我的帮助，是他们为我提供了石板岩这一研究的理想基地。

　　同时也要感谢众多生活在石板岩聚落里的居民，正是他们创造的历史成为我研究的源泉和基石。石板岩聚落展现在我面前的宁静、祥和、温暖，林木葱郁的山水景色，独一无二的地域风貌，淳朴自然的民俗民风，所有的一切都让人们叹为观止。那里的人们生活大都比较清苦，我常想如果我的研究工作能为当地人们做些实事，为他们留下一份资料，也许会有一天能帮助他们的生活有所改善，这是我最大的心愿。我相信，随着研究人员的增多与时代的发展进步，这一天将不再遥远。